生命教育丛书

U0805173

心理健康与心理自护

本书编写组◎编
樊秀芸 王晓君
梁云秋◎编著

shengming jiaoyu congshu

Xinli Jiankang Yu Xinli Zihu

世界图书出版公司
广州 · 北京 · 上海 · 西安

图书在版编目（CIP）数据

心理健康与心理自护/《心理健康与心理自护》编写组编. —广州：广东世界图书出版公司，2009. 11（2024.2 重印）
ISBN 978－7－5100－1261－7

Ⅰ. 心… Ⅱ. 心… Ⅲ. 心理卫生－健康教育－青少年读物 Ⅳ. G479－49

中国版本图书馆 CIP 数据核字（2009）第 204810 号

书　　名	心理健康与心理自护 XINLI JIANKANG YU XINLI ZIHU
编　　者	《心理健康与心理自护》编写组
责任编辑	张梦婕
装帧设计	三棵树设计工作组
出版发行	世界图书出版有限公司　世界图书出版广东有限公司
地　　址	广州市海珠区新港西路大江冲 25 号
邮　　编	510300
电　　话	020-84452179
网　　址	http://www.gdst.com.cn
邮　　箱	wpc_gdst@163.com
经　　销	新华书店
印　　刷	唐山富达印务有限公司
开　　本	787mm × 1092mm　1/16
印　　张	13
字　　数	160 千字
版　　次	2009 年 11 月第 1 版　2024 年 2 月第 8 次印刷
国际书号	ISBN　978-7-5100-1261-7
定　　价	49.80 元

光辉书房新知文库
“生命教育”丛书编委会

“光辉书房新知文库”

总策划/总主编：石　恢

副总主编：王利群　方　圆

本书作者

樊秀芸　王晓君　梁云秋　秦凤华　刘艳丽

序：让生命更加精彩

在中国进入经济高速发展，物质财富日渐丰富的同时，新的一代年轻人逐渐走向社会，他们中的许多人在升学、就业、情感、人际关系等方面遭遇的困惑，正在成为这个时代的普遍性问题。

有媒体报道，近30%的中学生在走进校门的那一刻，感到心情郁闷、紧张、厌烦、焦虑，甚至恐惧。卫生部在“世界预防自杀日”公布的一项调查数据显示，自杀在中国人死亡原因中居第5位，15～35岁年龄段的青壮年中，自杀列死因首位。由于学校对生命教育的长期缺失，家庭对死亡教育的回避，以及社会上一些流行观念的误导，使年轻一代孩子们生命意识相对淡薄。尽快让孩子们在人格上获得健全发展，养成尊重生命、爱护生命、敬畏生命的意识，已成为全社会急需解决的事情。

生命教育，顾名思义就是有关生命的教育，其目的是通过对中小学生进行生命的孕育、生命的发展等知识的教授，让他们对生命有一定的认识，对自己和他人的生命抱珍惜和尊重的态度，并在受教育的过程中，培养对社会及他人的爱心，在人格上获得全面发展。

生命意识的教育，首先是珍惜生命教育。人最宝贵的是生命，生命对于我们每个人来说，都只有一次。在生命的成长过程中，我们都要经历许许多多的人生第一次，只有我们充分体验生命的丰富与可贵，深刻地认识到生命到底意味着什么。

生命教育还要解决生存的意义问题。因为人不同于动物，不只是活着，人还要追求人生的价值和意义。它不仅包括自我的幸福、自我的追求、自我人生价值的实现，还表现在对社会、对人类的关怀和贡献。没有任何信仰而只信金钱，法律和道德将因此而受到冲击。生命信仰的重建是中小学生生命教育至关重要的一环。这既是生命存在的前提，也是生命教育的最高追求。

生命教育在最高层次上，就是要教人超越自我，达到与自身、与他人、与社会、与自然的和谐境界。我们不仅要热爱、珍惜自己的生命，对他人的生命、对自然环境和其他生命的尊重和保护也同样重要。世界因多样生命的存在而变得如此生动和精彩，每个生命都有其存在的意义与价值，各种生命息息相关，需要互相尊重，互相关爱。

生命是值得我们欣赏、赞美、骄傲和享受的，但生命发展中并不总是充满阳光和雨露，这其中也有风霜和坎坷。我们要勇敢面对生命的挫折和苦难，绝不能在困苦与挫折面前低头，更不能抛弃生命。

生命是灿烂的是美丽的，生命也是脆弱的是短暂的。让我们懂得生命，珍爱生命，使我们能在生命中的每一天，都更加充实，更加精彩！

本丛书编委会

前　　言

时代的发展，社会的进步，必然会对每个人产生多种影响，提出新的要求。保持自身良好健康状态，以适应环境变化，完善自我的同时成为合格的社会成员，这是我们最起码的行为准则，同时也应该成为一种人生追求。

多年来，我们在不断地关注“健康”，尤其近年来，学生的“健康”问题更是关乎家庭幸福、学校教育和社会发展进步的大事。青少年学生正处在身心发育和成熟的关键期，同时，他们还承受着学业的巨大压力，来自于自身内部成长的“暗潮涌动”，以及外界对新时代人才的高要求，“内外夹击”，使得孩子们虽拥有人生最美的花季，却常常无法体验学习的乐趣、生活的美好。本应该是渴求知识、憧憬人生、拼搏奋进的时期，许多学生却正在经受着强烈的内心矛盾冲突，因无法排遣而痛苦不堪、迷茫消沉，乃至于产生这样那样的心理问题，造成严重的后果：无法继续学业、违纪违法、失足，甚至走上犯罪的道路。

我们编写本书的目的就是希望通过这本书，从学生的视角出发，以科学的知识、理念和方法，给予我们的学生贴近生活和学习的支持和引导，从而正确认识“心理健康”，进而学会“心理自护”，快乐生活、高效学习、健康成长。所以，我们从观念入手，使学生能够对心理健康形成正确的认识，针对青少年时期突出的心理表现和问题，从人际交往、学习、性的成熟几个方面，进行了阐述和解读，并就中学生常见的几种心理障碍谈到了一些相关的知识和方法。

人的一生，能够幸福生活、有所追求、成就自我，适应环境的变化和时代的进步，这是人生的意义和价值。作为青少年，更应该关注自身的健康，以理性和科学的视角和方法，应对成长中的任务和问题，顺利走过花季，谱写多彩无悔的青春。

编　者

CONTENTS

目 录

第四篇　快乐学习　走向成功

第五篇　美丽花季　无悔青春

第六篇　克服心理障碍　收获心灵感悟

第一篇　走进心理健康

“健康”一词，我们每天都挂在嘴边，但是，其真正内涵，不同的人有不同的理解。近几年来，人们的健康意识正在发生着天翻地覆的变化，人们不仅更关心身体健康，注重营养和锻炼，对心理健康的关注也在不断提升。对于学生而言，正处于成长和学业的双重压力之下，更容易产生和“遭遇”心理问题。了解自己，让自己的心灵健康而充满阳光，是学生成长过程中的一大重任。

一、"健康"的含义

在各种节日里，我们经常听到的一句祝福的话就是"祝你身体健康"，同学们在写给老师和好朋友的短信、贺词里也少不了"祝你健康、快乐"的字样，可见"健康地生存是人生的第一需要"。这是千真万确的道理。那么，你知道怎样算健康吗？你对健康的知识了解多少呢？

对于健康，人们有不同的说法和理解。有人说又白又胖是健康；还有人说瘦就是健康。有人说能吃能睡能喝是健康；有人说身体好没有病就是健康；这些说法好像有道理，实际都不科学。没病就等于健康吗？

随着生产的发展，医学模式的转变，健康的观念在深入和发展，认为身体没有病就是健康的观念已过时了。在现代社会里，健康的概念已经发生了变化。健康，不仅仅是不得病，还应包括心理健康以及社会交往方面的健康，即在生理上、心理上和社会交往上保持健全的状态。过去，人们对健康的理解主要限于生理方面，只要没有生病就算是健康了。如今关于健康的概念是：健康是躯体上、精神上和社会适应方面的完好状态，不单是没有疾病和不虚弱，而是躯体的、精神的健康和社会幸福的完善状态。世界卫生组织对健康的定义是：没有身体缺陷和疾病，有完整的生理心理状态和社会适应能力。简单地说就是，没有躯体和心理疾患，对社会适应良好。这个新的健康概念的基本内容包括两个方面：

身体健康：指人体各器官、系统发育良好，体魄健壮，功能正常，精力充沛，具有良好的劳动效能的状态，并通常能用人体测量、体格检查和各种生理生化指标来加以衡量。属于人们躯体的健康状态。

中国健康扶贫标志

心理健康和社会适应完好：“心理健康”和“社会适应完好”二者是相互联系、相互交叉的，这里合在一起介绍一下。中外学者、心理学家对心理健康有不完全相同的表述。例如1946年国际心理卫生大会提出心理健康的4个标志是：1. 身体、智力、情绪十分协调；2. 适应环境，在人际关系中能彼此谦让；3. 有幸福感；4. 在工作和职业中能充分发挥自己的能力，过着有效率的生活等等。

世界卫生组织1948年对健康的定义提出全面的10条标准：

1. 精力充沛；
2. 处事乐观；
3. 睡眠良好；
4. 保持标准体重；
5. 适应能力强；

6. 能抵抗一般性疾病；

7. 眼睛明亮；

8. 牙齿完坚；

9. 头发有光泽；

10. 肌肉皮肤弹性好。

该组织又指出健康不仅仅是没有疾病，而且是一种个性在身体上、精神上、社会上完全安宁的状态。1989 年世界卫生组织提出除身体健康、心理健康、社会健康以外，还有一条道德健康，这才是全面的健康，概括地讲就是：身心健康。身心健康有具体的标准，但没有统一的标准，不同的学者有不同的论述，不同的人群有不同的标准，总的来说，身体健康是指各个器官的功能，各项生活活动指标正常，能适应自然环境的变化，能有效地抵制各种疾病的侵袭。

心理健康是指个体和人群以及生活环境之间保持良好的协调和均衡，能正确对待自己，正确对待别人，正确对待社会。

所以，不仅要重视身体健康，更要重视心理健康，只有身心健康才是真正健康的人。

知道了这些有关健康的知识，同学们对健康就有了一个全面的了解了。有的同学总结的身体健康就是“五快”，即吃得快，便得快，睡得快，说得快，走得快；心理健康就是“五有”，即有明确的生活目标，有良好的社会适应能力，有和谐的人际关系，有健全稳定的个性，有自知之明。别看这 5 条简单，真正做到很不容易。相比之下，想要心理健康更重要，要求就更高。

根据以上总结，得出了一些结论。同学们可以根据以下“健康十大准则”，对照一下自己是不是一个健康的人：

1. 有充沛的精力，能从容不迫地担负日常生活和繁重工作，而且不感到过分紧张与疲劳；

2. 处事乐观，态度积极，乐于承担责任，事无大小，不挑剔；

3. 善于休息，睡眠好；

4. 应变能力强，能适应外界环境的各种变化；

5. 能够抵抗一般性感冒和传染病；

6. 体重适当，身体匀称，站立时，头、肩、臂位置协调；

7. 眼睛明亮，反应敏捷，眼睑不易发炎；

8. 牙齿清洁，无龋齿，不疼痛；牙龈颜色正常，无出血现象；

9. 头发有光泽，无头屑；

10. 肌肉丰满，皮肤有弹性。

二、心理健康的标准

前面提到：只有身心健康的人才是真正健康的人，健康的心理的标准，应该说从世界卫生组织对健康的标准都有了新的定义，以前是躯体健康，现在要求既要躯体健康，又要心理健康，还要社会适应良好，还有道德健康，这四个方面都健全，才能叫一个健康的人。对于中学生来讲，还没有一个十分明确的心理健康的标准，但是有一些特征，比如说整个学生时代的心理活动和心理特征应该是相互协调、适度发展、相对稳定的，而且应该是与客观环境相适应的状态。判断一个人的心理是否健康，要看他与大多数人，特别是与同龄人、同性别的人是否一致。综合各家之言，一个有健康心理的人，可以表现在以下几个方面：

1. 智力正常。智力正常是一个人生活、学习和工作的基本条件。智力包括观察力、思维力、想像力、注意力、记忆力等五种因素。智力发育正常的人，思维敏捷，精力充沛，注意力集中，能够保持较高的工作、学习效率。

2. 情绪稳定，有安全感。情绪稳定乐观是心理健康的主要标志。与这一条相对立的是喜怒无常。这并不是说心理健康的人没有情绪低落的时候，而是说他们的积极情绪多于消极情绪，而且他们的喜怒哀乐等情绪处于相对平衡的状态。对自己的情绪、情感、思维等心理活动可以自觉地加以控制和调节，可以接纳自己的一切方面，可以承受挫折、恐惧和不幸，努力适应环境。

3. 意志健全。有决心、信心、恒心，意志坚强，有一定耐受力，对生活中出现的刺激和打击，能够正确对待，能把困难变成奋斗的动力，在逆境中奋发图强，取得优异成绩。

4. 自我意识强，对自己有充分的了解，并作出恰当评价。知道自己在做什么，不自傲，不自卑。这也是心理健康的重要条件。有正确的自我观的意思是：知道自己的优点和缺点，对优点能积极地去发扬，对不足能自觉地去改进，不因为有优点而骄傲自大，也不因为有不足而自卑；总是知不足而进取不懈、为自己取得的成绩而愉快乐观。

5. 适应能力强，能够面对现实，正视现实，不怕到新环境去学习、工作、生活，能主动适应变化了的环境。

6. 人际关系和谐。这是心理健康的重要标志。人生活在由他人构成的社会中，就像鱼生活在水中一样，离开了他人，离开他人的帮助，人将无法生存。有心理学家统计，人生80%左右的烦恼都与自己的人际环境有关。对别人吹毛求疵，动辄向他人发火，侵犯他人的利益，不注意人际交往的分寸，都将给自己带来无尽的烦恼。

心理健康的人，善于与人相处，乐于助人，关心人，也得到别人的帮助、关心。能信任和尊重别人，设身处地地理解别人，能以恰当的方式让别人理解自己。因而无论他或她在哪个学校，和本校、本班的同学、老师关系都很融洽；对父母和家庭其他成员很亲近；其自身心胸开阔，尊重别人，能与别人和睦相处。

7. 积极参加集体活动，适应纪律约束和行为规范。一个心理健康的人不是与别人没有任何矛盾，而是在发生矛盾时能积极地、有效地去解决矛盾，重新让别人理解自己。

8. 人格完整和谐，心情愉快，有幸福感。人生观、价值观、方法论符合社会进步潮流。经常保持欢乐愉快的心态，遇事冷静，情绪很少大起大落，能理智地分析遇到的问题，很少表现出焦虑不安或忧郁的行为。

9. 睡眠正常，生活习惯好。

10. 行动自觉果断。这是心理健康的一个重要标志。心理健康的人干什么事都有明确的目的性，经过深思熟虑以后便果断地作出决定，不盲目、不犹豫、把自己的决定贯彻如一，绝不是说一样而做又是一样。这并不是说不能改变决定，而是说不能轻易地改变决定。

11. 热爱学习、生活和工作。一个心理健康的人在任何情况下都热爱生活，感到生活非常有意思；爱学习，如爱学外语、计算机、其他相关知识，把学习看作是生活中必不可少的一部分，把学习看作是一种乐事。

上述标准是互相联系的。一个人心理不健康，不一定表现在所有方面，而往往表现在几个方面。对照上面的心理健康的标准，你觉得你的心理是否健康呢?

专家分析，心理健康标准的核心是：凡对一切有益于心理健康的事件或活动作出积极反应的人，其心理便是健康的。心理学界认为，完全符合心理健康标准的人是不存在的，但心理健康却永远是人们努力的方向。如果能在日常生活中，经常通过这个标准来衡量自己的言行，那你的心理一定是健康的。

三、正确认识自我

有一个人永远跟我们生活在一起，这个人就是我们自己——自我。孔老夫子说过："知己者明，知人者智。"我们只有了解自己，接受自己，才有可能是幸福的，是健康的。了解自己的长处，我们会清楚自己的发展方向；了解自己的缺陷，我们才会少犯错误，避免去做一些自己力所不能及的事情。你了解你自己吗？很多同学可能认为，没有人比自己更了解自己了，事实上并非如此。俗语说："旁观者清，当局者迷"，"不识庐山真面目，只缘身在此山中"。其实，世界上最难的就是正确、客观地认识自己，了解自己。

中学生正处于由青春期向成人期过渡的时期，存在着青春期青少年在成长过程中常遇到的心理冲突和矛盾，要保证中学生的心理健康发展，就要正确认识自己，正确评价自我，树立自尊、自信心理，克服自卑心理，进行自我调节，从而促进自我发展。古希腊人曾把"能认识自己"看作是人的最高智慧。阿波罗神殿大门上写着这样一句箴言："要认识你自己。"我们也常说"人贵有自知之明"。然而，生活中却常有这样的现象：有些人容易看到自己的优点和长处，却看不到自己的弱点和不足；有些人看到自己的很多问题，但却看不到自己的主要的问题，等等。事实上，这种现象的产生是正常的。人对自己的认识也和人对客体世界的认识一样，需要有一个了解和学习的过程，并不像照镜子那样简单。同时，在日常生活中我们也常处于各种不同的评判和议论之中，有人赞许、称颂你，有人批评、责怪你，甚至歧视你。在这各种各样的议论中，你能正确地分清哪个是真正的“你”吗？你是从这些评价和议论中汲取有益的营养丰富自己、改造自己呢，还是丧失了自主精神与独立人格而淹没在他人的评议中呢？可见，客观地、透彻地、准确地认识自己是多么重要。那么，怎样才能正确地认识自己呢？

首先，要愉快地接纳自己

你要比别人更爱你自己，应当了解没有你的允许，在这个世界上没有人能使你觉得你低下。人对自己的认识并不是一种抽象的概念，它本身常有情感态度，伴有自我评价的感情，即对自己是好感还是恶感，是满意还是不满意。这取决于一个人对自己的人生态度是排斥还是接纳。要正确认识自己必须对自己采取接纳的态度。也就是说，人对自己的一切不但要充分地了解、正确地认识，而且还要坦然地承认、欣然地接受，不能欺骗自己、排斥自己、拒绝自己，更不能愤恨自己。

孔子曰：“君子坦荡荡，小人常戚戚。”从心理学的角度看，就是君子能自我悦纳，心情开朗，而小人则不能接纳自己，故常自苦、自危、自惭、自卑、自惑乃至自毁。悦纳自己是一种心理状态，与客观环境并不完全相关。有些人虽有生理缺陷，但很乐观；有些人五官端正，相貌堂堂，但却不喜欢自己；有些人并不富裕，却知足常乐；有些人有钱有势，却并不深感快意。

据说，古代有位皇帝，他有无数美女和珍宝，无穷的权力与财富，但却自觉不快乐，不幸福。一次，他问一位哲学家，究竟谁是世界上最快乐最幸福的人，哲学家回答说："只要自己认为是最快乐、最幸福的人，他就是一个最快乐、最幸福的人。"其实，生活中的每一个人都有优点，也都有弱点。但有的人发现了自己的弱点和缺陷后，就当作包袱背起来，老是挂在心头上，连自己的优点和长处也看不到了。于是，自己的精神优势被自身的弱点与缺陷所压垮；自身的潜在能力与智慧被自身的虚张与拒绝所泯灭。

当然，成功的规律不是说只要悦纳自己就能成功，而是说不悦纳自己就不能成功。自卑者往往也能看到身边有许多有利的条件与时机，但总觉得这些时机是为别人准备的，而不敢参与竞争，从而自己为自己设置了奋进的障碍。马克思很欣赏这样一句谚语："你所以感到巨人高不可攀，只是因为你跪着。"事实上，许多事情别人能做到，你自己也一定能做到，关键在于你应当充分、准确、客观地认识自己。要做到这一点则必须先在心理上悦纳自己。寻找自我，树立自我，相信自我。迷惘时不必祈求神灵，忧愁时不必寄情于深邃的夜空，最好的依靠就是自我。应当确信，上帝就是我！认识自我，客观地评价自我，才能找准自己的位置。孙子曰："知己知彼，百战不殆"，只有认识到真正的自我，才能放飞希望的奔马，冲出浩瀚的大海，去寻找属于自己的那片天空；去创造辉煌，奏响人生最美的乐章。

其次，要学会欣赏自己

自我欣赏是一种充满自信的行为表现。有史以来，几十亿人曾经生活在这个地球上，但从来未曾有过，也将永远不会有第二个你。你是地球上一个独特的生物。这些特征赋予你极大的价值。即使别人是个天才，也只是一个人而已。创造天才的上帝也同样创造了你，且照上帝的眼光看来，你跟天才一样珍贵。全面深刻地了解自我，具体的就是要能把自己放在大的社会现实环境和历史条件下认识自身的条件、能力、地位、作用、责任等，也能把自己放在小环境中认识自己的条件、能力、地位、作用和责任，给自己在社会大环境和小环境中恰当的定位，这样才对理想自我的构建、自我的发展以及人际关系的处理大有裨益。

生活中，有人太重视自我，有人太轻视自我。太重视自我者往往目中无人，狂妄自大，久而久之酿成大祸。太轻视自我者往往丧失信心，甚至自甘堕落。怎样认识自我、发现自我的优势、正确估价自我、发挥自我，这绝不是一件小事。人是不断变化发展的，我们需要不断更新、不断完善对自己的认识，才能使自己变得更好和更完美。多个角度、多个侧面来客观评价自我。一方面，既要进行纵向比较，将现实的自我和理想的自我作比较，看到自己的差距；同时，也要将现实的自我与过去的自我作对照，看到自己的进步。另一方面，又要进行横向比较，与超过自己的、与自己相似的、比自己稍差的人作比较。要将上述各个方面获得的信息综合分析，以获得较为客观的评价。既不妄自菲薄，也不夜郎自大。同时也要避免盲目地接受他人的暗示和对权威、群体性心理的完全依赖。要有自己独立的意志，避免以一时、一事作为衡量评价自我的尺度，要对自己有一个稳定的、概括的评价。

最后，要对自己充满自信心

什么是自信心？心理学家这样解释道：信心是一种相信“我确实能做到”的积极心理认定。信心的力量是惊人的，它可以改变一切恶劣的现状，令我们的每一个意念充满力量。有自信的人可以克服万难。因此拥有良好的自信心对中学生来讲尤为重要。

从心灵上确认自己能行，自己给自己鼓劲。只要有心理准备，你就不会为一点困难而退缩。相信，你就能充满信心完成任务。世界在发展，时代在进步，人也要随着时代的步伐前进。人的发展目标也在时时发生变化。只要你克服自卑心理，树立自信心，就能做自己幸福的缔造者。你只要有了自信心什么困难都能克服，什么事情都难不倒你；你的学业或者事业就会成功，你就是一个有出息的年轻人。美国教育家戴尔·卡耐尔在调查了很多名人的经历后指出：“一个人事业上成功的因素，其中学识和专业技术只占15%，而良好的心理素质要占85%。”说明了自信是成功的保证。中学生人生观尚未完全形成，对社会缺乏全面了解，在遇到困难、挫折甚至失败时，很容易失去自信心，而自信心的丧失，对中学生的健康成长是十分不利的。

那么，如何培养自信心呢？

第一，正确认识自我，相信自我。世上没有两片完全相同的叶子，每个人都是独一无二的，都有自己的优点和不足。对自己应有正确的认识，过于自尊和盲目自卑都没有必要，事事处处得体，求全责备也是没有必要的。可以暗示自己；我只不过是集体中的一分子，谁也不会专门盯住我，注意我一个人的，摆脱那种过多考虑别人评价的思维方式。要记住：我并不比别人差，别人也不过如此，以此来消除自卑，树立自信。

第二，让自己经常有成功的体验，重心放在你最大的长处上，充分发挥自己的特长，当你集中精神做成功一件事情时，你会觉得信心增强。凡有成就的人，都知道把精力放在自己最擅长的地方。

第三，做任何事情都要做最好的准备。凡事做好准备是成功的重要因素。因为准备的充分，所以你才会信心十足，这就是为你带来信心，而且能够战胜对手，使自己获得成功的最佳秘诀。还要善于总结和整理自己成功的经验，你想到自己已完成的事，你就对能做的事更有信心。只有自卑者才会把注意力盯在失败上和缺点上。聪明的人会从失败中学到教训。愚者是一再失败，却不能从其中获得任何教训。

第四，努力自我提升，看起来越好，人们的感觉也越好。要注意个人修饰，对一个人的自尊具有积极的作用，而且令人在各种情况下都感到快乐。实际情况是你的外表确实会影响你的形象与表现。外表会增强或减弱一个人的内在潜能。穿的整洁得体时，在其他因素保持不变的情况下，会有比较好的效果。所以，改善你的自我形象，多注意自我修饰。

第五，定期阅读励志修养的书籍。读好书永远不嫌多，要阅读各种成功人士的传记与自传。当你阅读孔子、周恩来、林肯、爱迪生、卡耐基、华盛顿等人的故事时，要不受感动是很困难的。我们把这些故事中的人物跟自己相比，当我们见到他们成功，也会预见自己同样地能获得成功。要倾听那些建造人类心灵的演说家、教师的话语，这样你就会在许多方面获得提升。只要它能塑造你的心灵与你的自我心像。那就不论它是一本书、一篇演说、一场电影，还是一台电视节目。

第六，广交朋友。朋友是你的一部分，只有朋友们推心置腹的话语能给你一种安慰、一种大胆说话的机会、一种锻炼你的场合，让你不怕任何人，敢于表示自己的意见或建议，发表自己的见解。朋友能让你远离孤独、融入社会而获得快乐，没有友情的人生是暗淡的，就像大地失去了太阳的照耀，没有光彩。没有友情的人生是枯燥的，就像受了潮的火柴，任你怎样摩擦，也点燃不起生活的希望之火。没有友情的人生更是不完整的人生。一个人活在世上，既然没有朋友，没有朋友的关怀，又怎能理解人生的真正乐趣呢？只有充满了友情的人生才是充盈的，有意义的。有位哲人说：两个人分担一份痛苦，那就只有半个痛苦；两个人分享一份快乐，则有两份快乐。当你陷入困境，困窘急迫之时，忽然得到朋友的真诚帮助，即使只是平常的一句安慰、鼓励的话语，你的心情会怎样？是否会感到心灵得到了一种快慰的释放，觉得一股暖流从心底升起，于是充满信心，浑身是劲？当你获得成功，欣喜万分时，若得到朋友的真心祝福时，你的心情又会怎样？是否感觉幸福？因此，能增强你的自信心，消除自卑感。你在拾回自信的同时工作方面就能大展宏图。

生活中尽量跟那些“道德高尚、性情良好、站在人生光明面”的人交往，这样所得到的收获十分惊人。

第七，自觉地控制自己。人和动物在行为上的根本区别。在于人的行为的自觉性。动物行为受其本能支配，而人则不同，他不但能意识到自己的本能，还能驾驭自己的本能。本能一旦被意识到，也就要受意识所控制，此时，本能也就人化和社会化了。例如，排泄是一种生物的本能，对于动物来说，其排泄是不择时间、地点和环境的。一个没有社会化的幼儿如同动物一样，而一个正常的成年人，就决不会不择时间、地点地随意大小便。这说明一切生物本能在成人身上表现的时候皆要受理智的过滤。只有这样，生物的人才能变为社会的人。

古今中外的许多贤哲都曾提到用理智控制自己，是做人的一种基本准则。孔子强调修身克己。柏拉图提出：“节制是一种秩序，一种对于快乐和欲望的控制。”亚里士多德说：“人与动物的区别，正在置行为于理智。”“不仅应把对敌人取得胜利的人看作是勇敢的人，而且也应把对自己欲望的节制取得胜利的人看作是勇敢的人。”他们提倡的“节制”被定为古希腊的四德（智、勇、义、节）之一。后世的许多思想家在发挥和修正这些学说时，也都一致强调理智对个人的约束作用。这些理论本身的局限是自不待言的，但他们强调人的行为应自觉地受意识和理智的支配与控制，却反映了人类社会生活的客观要求和人类历史发展的客观规律，同时也说明要真正准确地认识自己必须学会控制自己的重要意义。

四、做个阳光少年

阳光，是灿烂的。那么，在阳光下沐浴的青少年们，也应该是灿烂的。如何做一名阳光少年呢？作为一名阳光少年应该做到：活泼、开朗、思想品德好、刻苦学习、爱劳动、热爱班集体、团结同学、乐于助人、身心健康。或者说，阳光少年的标准就是：

1. 身体健康；
2. 活泼开朗，心理素质良好；
3. 品行端正，有高尚的道德情操；
4. 该学的功课能很好地掌握。

总而言之，阳光少年就是德智体美全面发展的少年。

现实生活中，常有一些同学有这样那样的困惑和烦恼，学习成绩总是上不去的同学会觉得自己很笨、很孤独，没有真正的朋友，得不到父母和同学、老师的理解。哪里出了问题？心态出了问题。心态到底具有多大的力量呢？有一个小故事可以告诉我们心态对人的影响力：

有一个教授找了九个人进行实验。他把他们带到一间黑屋子里，说："你们九个人听我的指挥，走过脚下这座弯弯曲曲的小桥，千万别掉下去。不过掉下去也没关系，底下就是一点水。"九个人听明白了，摸索着都走过去了。然后，教授打开了一盏黄灯。透过黄灯九个人看到，桥底下不仅仅是一点水，还有几条在蠕动的鳄鱼。他们吓了一跳，庆幸刚才没掉下去。教授在桥那端又问："现在谁敢走回来？"没人敢走了。教授接着说："你们要用心理暗示，想像自己走在坚固的铁桥上。"他诱导了半天，终于有三个人站起来，愿意尝试一下。第一个人颤颤巍巍，过桥的时间多花了一倍；第二个人哆哆嗦嗦，走了一半再也坚持不住了，吓得趴在桥上；第三个人才走了三步，就再也不敢向前了。教授于是打开了所有的灯，大家这才发现，在桥和鳄鱼之间还有一层网，网是黄色的，刚才在黄灯下看不清楚。于是，绝大多数人都不怕了，几个人都快速地走过来了。最后只有一个人不敢走，教授问他："你怎么回事？"这个人说："我担心网不结实。"

这个实验揭示的原理是心态影响能力。所以，心态好，能力增强；心态不好，能力减弱。心态就具有这么大的力量，从里到外影响着你。如果你觉得自己是倒霉蛋，你会找到无数事实证明你就是个倒霉蛋；如果你说自己真的很幸运，你会找到无数事实证明你就是个幸运儿。你内心如果是一团火，就能释放出光和热；你内心如果是一块冰，就是融化了也还是零度。要想温暖别人，你内心要有热；要想照亮别人，请先照亮自己；要想照亮自己，首先要照亮自己的内心。怎样照亮内心？点亮一盏心灯，塑造阳光心态。

那么，怎样塑造阳光心态呢？方法有很多了，这里可以给大家列举几个：

第一种方法：改变态度

改变不了事情，就改变对事情的态度。一个人因为发生的事情所受到的伤害，不如他对事情的看法更严重。事情本身不重要，重要的是人对事情的看法。

有一个成语叫“塞翁失马，焉知非福”。在古老的东方，有一个智者，他的一匹马丢了，邻居说：“你真倒霉。”智者回答：“是好是坏还不知道呢。”不久，丢失的马带着一匹野马回来了，邻居说：“你太幸运了，多了一匹马。”智者回答：“是好是坏还不知道呢。”不久，智者的儿子骑野马，从马上摔下来，腿摔断了，邻居说：“你真倒霉，就这么一个儿子，腿还断了。”智者回答：“是好是坏还不知道呢。”过了一段时间，皇帝征兵，许多年轻人都在战场上被打死了，智者的儿子由于腿断了不能打仗，未被征兵而侥幸存活。所以从长远来看，任何事情是好是坏还不知道呢。事情就像个硬币，有时可能是正面，过两天就可能是反面，再过段时间还可能翻过来。任何事情都一分为二地看待，人就会变得理智、洒脱一些。

改变了态度往往就能产生激情，有了激情就有了奋发向上的斗志，结果往往就会变化。有一个中国的经典案例是这样的：古时候有甲、乙两个秀才去赶考，路上看到了一口棺材。甲说："真倒霉，碰上了棺材，这次考试死定了。"乙说："棺材，升官发财，看来我的运气来了，这次一定能考上。"当他们答题的时候，两人的努力程度就不一样了，结果甲落榜了，乙考上了。回家以后他们都跟自己的夫人说："那口棺材可真灵啊。"

这个案例说明，心态可以影响人的能力，能力可以改变人的命运。保证眼下心情好是保证一天心情好的基础。如果你能保证每天心情好，你就会获得很好的生命质量，体验别人体验不到的精彩生活。

第二种方法：享受过程

享受过程，精彩每一天。生命是一个过程，不是一个结果，如果你不会享受过程，结果是什么大家都知道。生命是一个括号，左边括号是出生，右边括号是死亡，我们要做的事情就是填括号，要争取用精彩的生活、良好的心情把括号填满。

有一个年轻人自认为看破红尘了，每天什么都不干，懒洋洋地坐在树底下晒太阳。有一个智者问他："年轻人，这么大好的时光，你怎么不去赚钱？"年轻人说："没意思，赚了钱还得花。"

智者又问："你怎么不结婚？"年轻人说："没意思，弄不好还得离婚。"智者说："你怎么不交朋友？"年轻人说："没意思，交了朋友弄不好会反目成仇。"智者给年轻人一根绳子说："干脆你上吊吧，反正也得死，还不如现在死了算了。"年轻人说："我不想死。"智者于是说："生命是一个过程，不是一个结果。"年轻人幡然醒悟，这就叫"一句话点醒梦中人"。

第三种方法：活在当下

活在当下的真正涵义来自禅。有人问一个禅师，什么是活在当下？禅师回答，吃饭就是吃饭，睡觉就是睡觉，这就叫活在当下。

如果问大家，对于你们来说，什么事情是最重要的？什么人是最重要的？什么时间是最重要的？有人可能会说，最重要的事情是升官、发财、买房、购车，最重要的人是父母、爱人、孩子，最重要的时间是考试、面试、游戏、休息等。我告诉大家，这些都不是，最重要的事情就是现在你做的事情，最重要的人就是现在和你在一起的人，最重要的时间就是现在，这种观点就叫活在当下。活在当下，就要学会发现每一件发生在你身上的好事情，要相信自己的生命正以最好的方式展开。如果你不会活在当下，就会失去当下。

有一个乡下姑娘挤了一罐牛奶，把它顶在头上，然后就开始胡思乱想了：这罐牛奶可以卖几块钱，这几块钱可以买几只小鸡，小鸡长大了可以下很多的鸡蛋，鸡蛋又可以孵出很多小鸡，小鸡长大又可以下很多鸡蛋，这些鸡蛋卖的钱就够我买一条漂亮的裙子了，我穿上裙子到王宫跳舞，我的舞姿吸引了王子，王子邀请我跳舞，我要显得矜持一些……想到这里，她一歪脑袋，牛奶罐掉在地上摔碎了。这就是“不会活在当下，就会失去当下”。

第四种方法：情感独立

情感独立，就是不要把自己幸福的来源建立在别人的行为上面，我们能把握的只有自己。一次，苏东坡和禅师佛印逛庙，发现庙里的观音菩萨手里也拿着念珠。苏东坡问：“人持念珠念观音，观音持念珠念谁?”佛印回答：“还念观音。”苏东坡又问：“为什么观音还念观音，念自己呢?”佛印的回答是：“求人不如求己。因此，要想让自己内心状态良好，就要学会情感独立。有人总是为未来担心，忧心忡忡。如果你担心的事情不能被你左右，就随他去吧，不要庸人自扰。我们只能考虑力所能及的事情，力所能及则尽力，力不能及则由他去。”

第五种方法：学会感恩

某企业老总在招聘大学生时首先看他们孝不孝敬父母，如果他们连父母都不孝敬，也不会忠诚于企业。招聘时，他会问：“放寒暑假你们都干什么?”应聘者回答：“玩、旅游、休息。”他又问：“经常回家乡吗?”他们说：“经常回啊。”老总接着问：“都干什么呀?”他们说：“找同学吃饭、聊天、一块儿玩。”老总最后问：“在家里都干什么?”他们说：“睡觉、看电视。”老总对这样的应聘者是不满意的：“你怎么就不提孝敬父母，你可以帮父母干点活，讲一些大学的见闻啊。”

学会感恩，首先是要对父母感恩，这很重要。西方有感恩节，大家在那天都会感谢别人对自己的帮助。许多人会给所有曾经帮助、支持、爱护过自己的人发一条短信，感谢他们对自己的关照。你发一条短信，别人就会回复，并给自己需要感恩的人发短信，

这样就会产生连锁反应，感恩节大家就会过得相当愉快，人际关系就会变得更加和谐。感恩能够使人获得好心情。西方有一条格言是：怀着爱心吃菜，比怀着恨意吃牛肉要香。

第六种方法：“天堂”、“地狱”由心造

一个人幸福不幸福，在本质上与财富、地位、权力没关系。幸福由思想、心态决定，心可以造“天堂”，也可以造“地狱”。有一个有趣的故事：上帝领着一个人到地狱，这个人发现地狱里的人都瘦骨嶙峋。他们都用一把特制的勺子喝粥，勺子的把特别长，勺子的头很小，不仅自己一点也喝不上，而且舀出的粥都洒在了地上。最后桶里没粥了，大家就互相埋怨、互相憎恨。上帝又把这个人领到了天堂，他发现天堂里的人一个个都长得胖乎乎的，笑逐颜开。他们用的是同样的勺子，吃的是同样的粥，但他们是把粥舀出来喂别人，你喂我，我喂你，结果大家都吃到了粥。这就说明要学会善待身边的人。有人说：“我有很多铁哥们，

但都在新疆，远水不解近渴啊。”甚至有人把自己班上的同学当成敌人。这样的做法是错误的，关键时刻能及时给予你帮助的，还是你的同事、身边的人。如果你把别人看成是魔鬼，你就生活在“地狱”里；如果你把别人看成是天使，你就生活在“天堂”里。如果你能把别人变成魔鬼，你就在制造“地狱”；如果你能把别人变成天使，你就在制造“天堂”。怎么才能把别人变成天使呢？要学会感恩、欣赏、给予、宽容。

第七种方法：压力太大的时候学会弯一弯

有这样一个案例：加拿大有一对夫妻总吵架，处在离婚的边缘。于是，他们决定出去旅游，试图挽救自己的婚姻。两人来到魁北克的一条南北向的山谷，他们惊奇地发现山谷的东坡长满了各种树，西坡却只有雪松，为什么东、西坡差别这么大呢？为什么西坡只有雪松能生存呢？后来两人发现西坡雪大，东坡雪小，雪松枝条柔软，积雪多了，枝条会被压弯，雪掉下去后，枝条就又复原了。而别的树硬挺，最后树枝会被雪压断，树也就死了。两人明白了，人在压力大的时候，也要学会弯一弯。丈夫赶快向妻子检讨：“都是我不好，我做得不对。”妻子一听丈夫检讨了，马上说：“我做得也不够。”于是，两人和好如初。

刀再锋利，如果一碰就断，也没有什么用。当我们同学之间发生一些摩擦、矛盾时，我们不妨放平自己的心态、低下自己高昂的头来，向同学朋友道一声“对不起”，再大的事情都会得到解决。

生命因为信心而瑰丽明快，激情创造未来，心态营造今天。如果你心情好，你会发现沙漠为你唱歌，小草为你起舞；如果你心情糟糕，你会发现开放的玫瑰在流泪，奔腾的小溪在哭泣，这叫境由心造、相由心生。我们把生活比作一道自助大餐，你吃什么是你自己的选择，你选择什么就得到什么。同学们，让我们一起从身边的小事做起，做一名活泼、开朗、思想品德好、刻苦学习、爱劳动、热爱班集体、团结同学、乐于助人、身心健康的阳光少年吧！

第二篇　健康从“心”开始

近几年，中学生的心理问题日益增多，无论是社会、学校，还是家庭，对学生的心理健康问题都感受到了压力和困惑。我们发现，在学生的心理问题当中，以情绪问题为多，一些人际关系问题、学习障碍等，往往是由情绪导致的。尤其是现在的学生意志薄弱，抗挫折能力差，心理承受能力低，遇到生活、交往、学习中的问题和困难时，情绪不稳定，又缺乏意志力，往往更容易导致心理问题的产生。多变的情绪，常使他们难以专心致志地学习、生活，缺乏克服困难和应对挫折的能力，所以，容易与他人发生矛盾冲突，遇到挫折爱走极端，甚至酿成严重后果。所以，了解自己的情绪情感，培养自身的意志品质，提高抗挫折能力，采取适当的办法调控情绪，锻炼坚强的意志力和心理承受能力，对学生来说尤为重要。

一、了解情绪，认识情感

当人们看一场感人的电影时，会激动得落泪；回想往事的时候，有时会哑然失笑；遇到违背社会公德的人和事，会义愤填膺；经过艰苦的思索，攻克一道难题，就会满心欢喜。这种伴随着认识活动产生的喜、怒、哀、乐等心理现象属于人的情绪和情感过程。

1. 什么是情绪

情绪和情感是人对客观事物的态度体验及相应的行为反应。它包括刺激情境及对其解释、主观体验、表情、神经过程及生理唤醒等内容。

人在认识世界和改造世界时，并不是无动于衷的。人们对周围事物，他人和自己的行为，常常抱着不同的态度。一些现象使人愉快，另一些现象使人悲哀，一些现象使人愤怒，另一些现象使人恐惧。愉快、悲哀、愤怒、恐惧等都是常见的情绪体验。

情绪与认识过程一样是人对客观现实的反映。产生的根源在于客观现实本身。人没有无缘无故的爱，也没有无缘无故的恨。但情绪不同于认识过程。认识过程是人对客观事物本身的反映，情绪是反映事物与人的需要之间的关系。情绪是人对客观事物与人的需要之间的关系的反映。它是以需要为中介的一种反映形式。客观事物并不全部都能引发人的情绪，只有与人的需要有关的事物，才能引发人的情绪。

一般地说，凡满足人的需要的事物，会引起肯定的情绪体验（如愉快、满意等），凡不能满足人的需要的事物，则引起否定的情绪（如愤怒、恐惧等）。此外，认识过程是通过形象或概念来反映客观事物，而情绪是通过体验来反映客观事物与人的需要之间的关系，无论人对客观事物抱什么态度，人自身都能直接体验到。“体验”被认为是情绪的基本特征。离开了体验就谈不上情绪。总之，情绪是人对客观事物的态度的体验，而这种体验反映着客观事物与人的需要之间的关系。

2. 人的基本情绪

一般认为，快乐、愤怒、恐惧和悲哀是四种最基本的情绪。这些情绪与人的基本需要相联系，是不学而能为，通常还具有高度的紧张性。

(1) 快乐

快乐是个人目的达到，紧张解除后的情绪体验。如经过积极准备，考取了大学后常常会有快乐的情绪。快乐的程度和紧张程度取决于目的重要程度和目的达到的意外程度，如果追求的目的非常重要，并且目的的达到带有突然性也会引起异常的欢乐，否则只能引起微小的满意。一般把程度分为：满意、愉快、异常的欢乐、狂喜。

(2) 愤怒

愤怒是个人目的不能达到或一再受到妨碍从而逐渐积累起紧张而产生的情绪。如幼儿的目的性行动受到阻挠或威胁时，就能引起愤怒情绪。一般把愤怒的程度分为：轻微的不满、生气、愠、怒、大怒、暴怒。

(3) 恐惧

恐惧是个人企图摆脱、逃避某种情景而又无能为力时所产生的情绪。恐惧与快乐、愤怒不同，快乐和愤怒都是会使个体接近情绪。恐惧是一种会使个体企图摆脱危险的逃避的情绪。如，在遇到地震，人们无力对付时，往往会恐惧万分。引起恐惧的关键因素是人缺乏处理可怕情境的力量。此外，熟悉的环境发生了意想不到的变化也会引起人的恐惧情绪。

(4) 悲哀

悲哀是个人在失去所盼望的、所追求的东西或有价值的东西时所引起的情绪，如考试失败由悲哀所带来的紧张释放而导致哭泣，哭泣一般不超过 15 分钟，在这段时间内完全可以减轻过度的紧张。哭泣之后会使人精力衰竭，甚至会神志不清，最后使人感到轻松。悲哀取决于失去的事物的价值，失去的东西价值越大的，引起的悲哀也越强烈；失去的东西价值越小，引起的悲哀也越微弱。一般把悲哀的程度分为：遗憾、失望、难过、悲伤、悲痛。

人们形成的否定情绪和情感往往只是短暂的，痛苦一阵以后，强烈的体验随着刺激的消失而消失。或者紧张的情绪虽然持续相当时日，但最后问题还是得到解决，需要得到满足，伴随而来的是轻松的体验。但是，如果由困难挫折引起的焦虑、紧张和忧愁长期存在，使人惶惶不可终日，由情绪引起的生理变化也久久不能复原，其结果会怎样呢？情绪的长期压抑对个人健康有很大的影响，影响的程度因人而异。俗语云“心病还需心药医”，指的就是对某些疾病的治疗，除了药物治疗、手术治疗和物理治疗外，还需要心理治疗。

情绪上的长期紧张和焦虑往往会降低人体抵抗细菌和其他引发疾病因素的能力。尤其是气愤和懊恼的情绪是引起许多身心性疾病的主要原因。“笑一笑，十年少；愁一愁，白了头”形象生动地说明了情绪与健康的关系。

3. 情绪的基本状态

根据情绪发生的强度、持续时间的长短及外部表现的情况，可将情绪分成心境、激情、应激等。

（1）心境

心境是一种使人的心理活动都染上某种相应色彩的微弱而持久的情绪状态。其特点表现为：第一，和缓而微弱，似微波荡漾，有时人们甚至觉察不出它的发生；第二，持续时间较长，少则几天，长则数月；第三，它是一种非定向性的弥散性的情绪体验，在人的心理上形成了一种淡薄性的背景，使人的心理活动、行为举止都蒙上一层相应的色彩。例如，人在得意时感到精神爽快，事事顺利，干什么都起劲。失意时，则整天愁眉不展，事事感到枯燥乏味。

心境产生的原因是多种多样的。个人生活中的重大事件，诸如事业的成败、工作的顺逆、人际关系的亲疏、健康状况的优劣，甚至自然界的事物，如时令气候，环境景物等都可以成为某种心境形成的原因。除了由当时的情境而产生的暂时心境外，人还能形成各自独特的稳定心境。这种稳定的心境是依人的生活经验中占主导地位的情绪体验的性质为转移的。例如，有的人朝气蓬勃，在他的生活中愉快的心境便占主导地位；有的人失望忧愁，在他的生活中忧伤之情便占主导地位。对心境起决定影响的是一个人的世界观。

心境有消极和积极之分。积极的心境，使人振奋愉快，能推动人的工作与学习，激发人的主动性与创造性；消极的心境则使人颓丧悲观，妨碍人的工作和学习，抑制人的积极性的发挥。人应充分发挥其主观能动性，正确地认识、评价自己的心境，消除消极心境的不良影响，培养坚强的意志，增强抗御外界刺激和干扰的能力，树立正确的理想和信念，有意识地掌握自己的心境，做心境的主人。

（2）激情

激情是一种强烈的、爆发式的、持续时间短暂的情绪体验。如欣喜若狂、暴跳如雷、悲恸、绝望等。激情有以下四个特点：

第一，激情具有激动性和冲动性。激情一旦产生，人完全被情绪所驱使，言行缺乏理智，带有很大的冲动性和盲目性；第二，激情维持的时间比较短，冲动一过，时过境迁，激情也就弱化或消失了；第三，激情具有明确的指向性。激情通常由特定的对象所引起，如意外的成功会引起狂喜，理想破灭会引起绝望，黑暗、巨响会引起恐惧，等等；第四，激情具有明显的外部表现。在激情状态下，人的内脏器官、腺体和外部表现都会发生明显的变化，如暴怒时“面红耳赤”，绝望时“目瞪口呆”，狂喜时“手舞足蹈”等等。

引起激情的原因是多方面的，对人有重大意义的事件（如巨大的成功、亲人的亡故），对立意向的冲突，过度的抑郁和兴奋，都可能导致激情产生。从生理上看，激情是外界的超强刺激使大脑皮层对皮下中枢的抑制减弱甚至解除，从而使皮下的情绪中枢强烈兴奋的结果。在激情状态下，人的认识范围缩小，理智下降，不能正确评价自身的行为的意义及结果，控制自己的能力减弱，不能很好地约束自己，往往会做出令人吃惊的蠢事。但是，如果以激情是不可控制的或以激情爆发来原谅自己的错误，也是不正确的。人能够意识到自己的激情状态，也能够有意识地调节和控制。

激情具有双重作用。激情如果伴随着冷静的头脑和坚强的意志，它可以成为激发人的所有潜能积极投入行动的巨大动力。如许多诗人、艺术家常常是在激情状态下产生灵感，完成不朽的杰作的；许多爱国志士也往往是在激情状态下做出轰轰烈烈、可歌可泣的英雄壮举。激情如果是不符合社会要求的，对机体有害的就起消极作用。青少年犯罪中常见的就是激情犯罪。可见，激情的意义是由它的社会价值决定的。

（3）应激

应激是在出乎意料的紧急和危险的情况下所引起的高度紧张的情绪状态。当人遇到紧张危险情境下而又需迅速采取重大决策时，就可能导致应激状态的产生。在应激状态下，人可能有两种表现：一是目瞪口呆，手足失措，陷于一片混乱之中；一是急中生智，冷静沉着，动作准确有力，及时摆脱险境。

出乎意料的危险情景或面临重大压力的事件，如火灾、地震、突遭袭击、参加重大的比赛、考试等，都是应激状态出现的原因。

应激有积极的作用，也有消极的作用。一般的应激状态能使有机体具有特殊防御排险机能，能使人精力旺盛，使思想特别清楚、精确，使人动作敏捷，推动人化险为夷，转危为安，及时摆脱困境。但紧张而又长期的应激会产生全身兴奋，注意力和知觉范围狭小，言语不规则、不连贯，行为动作紊乱。在意外的情况下，人能不能迅速判断情况并做出决策，有赖于人的意志力是否果断、坚强，是否有类似情况的行为经验。另外，应激状态下，思想觉悟、事业心、责任感、献身精神等也是在防止行为紊乱的重要因素。

4. 高级的社会情感

由人的社会性需要是否获得满足而产生的情感，主要有道德感、理智感和美感。这是人类社会历史发展过程中形成的高级的社会情感。

（1）道德感

道德感是人们运用一定的道德标准评价自身或他人的行为时所产生的一种情感体验。如敬佩、赞赏、憎恨、厌恶等。

人们在相互交往中掌握了社会上的道德标准，并将其转化为自己的社会需要。人们看到一定的言语行为和观察到一定的思想意图时，总是根据个人所掌握的道德标准加以评价，这时人所产生的情感体验即为道德感。如，当别人或自己的言论、行为、意图符合自己的道德标准时，便产生满意的、肯定的体验；否则，便产生消极的、否定的体验。可见，道德感是由人们所掌握的道德观念、道德标准决定的。

在不同的历史时代、不同的社会制度、不同的阶级中，道德标准是不同的。因此，道德感总是受社会生活条件的制约，受阶级的制约。如封建社会的男尊女卑、君君臣臣、父父子子的道德伦理纲常就不适应于今天的社会。在社会主义制度下，爱国主义情感、国际主义情感、集体主义情感、责任感、义务感等才是社会主义社会所提倡的道德感。

（2）理智感

理智感是人们认识和追求真理的需要是否得到满足而产生的

一种情感。它在认识活动中表现为：对事物的好奇心与新异感；对认识活动初步成就的欣慰高兴的体验；对矛盾事物的怀疑与惊讶感；对判断证据不足时的不安感；对问题解答的坚信感；对知识的热爱、真理的追求；对偏见、迷信、谬误的憎恨；对错失良机的惋惜；对取得巨大成就的欢喜与自豪等。

理智感同人的认识活动成就的获得、需要的满足、对真理的追求及思维任务的解决相联系。人的认识活动越深刻，求知欲望越强烈，追求真理的情趣越浓厚，人的理智感就越深厚。理智感不仅产生于认识活动之中，而且也是推动人们探索、追求真理的强大动力。天文学家哥白尼在回顾自己所走的道路时说，他对天文的深思产生于“不可思议的情感的高涨和鼓舞。”

（3）美感

美感是人对客观事物或对象美的特征的情感体验。它是由具有一定审美观点的人对外界事物的美进行评价时所产生的一种肯定、满意、愉悦、爱慕的情感。

美感体验有两个鲜明的特点：第一，对审美对象感性面貌特点。如线条、颜色、形状、音韵、谐调、匀称等的感知是产生美感的基础；第二，对美的对象的感知与欣赏能引起情感的共鸣并给人以鼓舞和力量。

二、情绪与情感密不可分

我们一直将情绪和情感作为一个统一的心理过程来讨论，但从产生的基础和特征表现上来看，二者有所区别。

首先，情绪出现较早，多与人的生理性需要相联系；情感出现较晚，多与人的社会性需要相联系。婴儿一生下来，就有哭、笑等情绪表现，而且多与食物、水、温暖、困倦等生理性需要相关；情感是在幼儿时期，随着心智的成熟和社会认知的发展而产生的，多与求知、交往、艺术陶冶、人生追求等社会性需要有关。因此，情绪是人和动物共有的，但只有人才会有情感。

其次，情绪具有情境性和暂时性；情感则具有深刻性和稳定性。情绪常由身旁的事物所引起，又常随着场合的改变和人、事的转换而变化。所以，有的人情绪表现常会喜怒无常，很难持久。情感可以说是在多次情绪体验的基础上形成的稳定的态度体验，如对一个人的爱和尊敬，可能是一生不变的。因为如此，情感特征常被作为人的个性和道德品质评价的重要方面。

最后，情绪具有冲动性和明显的外部表现；情感则比较内隐。人在情绪左右下常常不能自控，高兴时手舞足蹈，郁闷时垂头丧气，愤怒时又暴跳如雷。情感更多的是内心的体验，深沉而且久远，不轻易流露出来。

情绪和情感虽然不尽相同，但却是不可分割的。因此，人们时常把情绪和情感通用。一般来说，情感是在多次情绪体验的基础上形成的，并通过情绪表现出来；反过来，情绪的表现和变化又受已形成的情感的制约。当人们做一件工作的时候，总是体验到轻松、愉快，时间长了，就会爱上这一行；反过来，在他们对工作建立起深厚的感情之后，会因工作的出色完成而欣喜，也会因为工作中的疏漏而伤心。由此可以说，情绪是情感的基础和外部表现，情感是情绪的深化和本质内容。

人的一切活动都伴随着情绪和情感的发生，情绪和情感对人的成长和发展会有哪些作用呢？

第一，情绪情感与健康

情绪，不仅是衡量一个人健康的标志，也是影响健康的重要因素。过度的情绪反应及长时间的消极情绪，一方面会造成生理功能的紊乱，从而导致身体疾病，另一方面又会导致人的心理活动失去平衡。我国古代医学中，就有：喜伤心，怒伤肝，忧伤肺，思伤脾，恐伤肾，都是指情绪反应超过了一定的限度，就会损伤身体健康。

反过来积极的情绪可以促进身心健康，欢乐、愉快、高兴、喜悦等都是积极的情绪体验，这些情绪能提高神经系统的活力，使机体各器官活动处于平衡状态，有益于身心健康。

第二，情绪情感与行为

同学们是否有过这样的体验：情绪好时，思路开阔，思维敏捷，学习效率高；而情绪低落郁闷时思路受阻，反应能力下降，学习效率低。而当你对某人或某些事物产生强烈的情感如爱或恨时，你的认知和行为都会改变，如：爱屋及乌等，都说明情绪和情感对我们的认知和行为有很大影响，关系着人的发展和成功。

第三，情绪、情感与人际关系

情绪和情感在人际关系中起着信号作用，在人际交往中，对自我情绪和情感的控制和调节，及对他人的情绪和情感的认知和把握，有助于达到良好的人际沟通效果，从而对建立良好的人际关系起到促进作用。

总之，情绪可以推动人的各种活动，让我们做一个积极进取的人。为了我们能健康成长，也为了我们的发展和成功，我们必须经历一个逐渐反省情绪的过程。有了成熟的反省，我们才能经得起情绪的冲击，才能不做情绪的奴隶。

三、学会调节情绪和情感

如前面提到的，情绪和情感影响着我们的健康和发展。也就是说，情绪会带给我们勇气、信心、和力量，也会使我们冲动、消极、无所事事，甚至做出一些违背道德和法律规范的事情。所以，学会调节情绪和情感，对任何人来说，尤其是对我们情绪多变的中学生来说，是十分有必要的。

1. 为什么要调节情绪

在人的一生中，有顺境也有逆境，有欢乐也有忧伤，遇到挫折而产生抑郁不乐的情绪是正常的现象。人的情绪在不同的年龄阶段会有不同的特点。我们应该结合我们自己的实际年龄特点，回顾以前所经历过的情绪体验，进行情绪调节。喜——怒——哀——乐，是情绪变化的基本特征。每一天，我们都在体验着这种情绪变化，当你心情愉快时，你会感到周围的一切都是那么美好，到处都充满阳光；当你郁郁寡欢时，一切又都变得暗淡无光，就连鸟语花香也让人觉得讨厌，这些都是情绪带给你的感受，情绪、情感是能把握和控制的，只要我们了解情绪，学会控制的技巧，就一定能握住良好的情绪，改善不良的情绪，拥有健康的自我。

任何人都有情绪的体验，尤其是青春期的情绪更是丰富多彩，体验深刻。积极的情绪可以提高人体的机能，能够促进人的活动，能成为动力，激励人去努力，而且在活动中能够起到增力、增智的作用；与积极情绪相反的是消极情绪，会使人感到难受，会抑制人的活动能力，活动起来动作缓慢，反应迟钝效率低下，会减弱人的体力和精力，活动中易感到劳累，精力不足没有兴趣，同时还会降低人的自控能力。

中学生心理特点之一就是情绪的不稳定性。忽而激动万分，忽而沉默，上午还兴高采烈的，中午也许会垂头丧气，等到下午又兴奋不已。一天之中，情绪会有很大的变化，情绪表现的反差很大。学习、生活中的一些微小刺激都可能引起情绪上的变化，甚至连自己都不知道为什么，情绪就发生了变化。有的同学称之为“无名火”。其情绪的明显变化主要与生理有关，与青春期体内的激素分泌不规律有关，但也与个人的修养有关。同时，情绪不仅变化性强，而且变化的幅度大，呈现一种强烈性。情绪高涨时，就像火山爆发一样，势不可挡；情绪低落时，又像泄了气的皮球，没有一点动力。学习、生活中的微小刺激能够引起强烈的情绪反应，这种反应常有夸大的倾向。

总之，多变的情绪，不能使我们专心做事；强烈的情绪反应容易使我们冲动；自控能力不足会给我们带来不良的后果。所以，情绪需要调节需要疏导，使我们的情绪达到喜怒有常，喜怒有度。

请看下面的活动，自己在日常生活中有没有过这样不良情绪的发生？

- 和朋友闹矛盾，他误会了我，我非常痛苦；
- 考试成绩不理想，感到伤心；
- 老师表扬别人而自己不如别人，嫉妒他人；
- 父母、老师批评自己，心情烦闷；
- 别人有好朋友，自己没有，感到郁闷；
- 得知别人在背后说自己坏话，而心生怨恨；
- 上课回答问题出错，觉得自己好笨；

为了避免情绪的消极影响，我们要学会调控自己的情绪和情感。

2. 调节情绪和情感

我们通过哪些方法和途径调节自己的不良情绪呢?

第一，改变认知

心理学研究表明，刺激事件本身不决定情绪的性质，是对刺激事件的认知决定情绪的性质。即“人受困扰，不是由于发生的事实，而是由于对事实的观念。”可见，我们不能说“这件事使我的情绪糟糕到极点”，而是我们无法理性地认识和评价所发生的事件。

这里有一个很经典的故事：古时候，有一位老人家，她有两个儿子，一个是卖伞的，一个是卖扇子的。这位老婆婆每天都处于忧愁之中，她担心：下雨天，卖扇子的儿子卖不出扇子就无法生活，晴天时，卖雨伞的儿子卖不出雨伞就无法生活。老婆婆今天愁，明天愁，天天愁，结果就一病不起。一天，来了一位智者，他对老婆婆说：“换位思考一下吧，下雨天，你卖雨伞的儿子生意很好，你应该高兴；晴天时，你卖扇子的儿子生意很好，你也应该高兴，你的儿子天天都有发财的，你应该天天高兴才对。”老婆婆一听有道理，心情一下子好起来，病也就慢慢地好了。

我们的学生也会经常遇到类似这样由于认知评价错误而导致产生不良情绪的事情。例如：两个同学犯了同样的错误，同样受到了老师的批评，同学一很快认识到是自己做得不好，并下决心改正，情绪很快就恢复了平静。同学二挨了批评，觉得自己实在是太倒霉了，运气糟透了，“为什么老师就偏偏揪住我这一点点小错误不放，就是看我不顺眼”，“老师看不上我，对别人偏心”等等，认为“根本不是我的原因”，那么，同学二往往会觉得不公平，心中产生抵触和愤恨，无法认识到自身存在的问题，当然也就不会去积极主动地调整和改变自己，久而久之，这个同学不仅成了不受老师同学欢迎的人，而且缺点和错误也不能够得到及时地纠正。这种外归因造成他事事在别人身上找原因，人际关系也会随之紧张，人际关系不好又进一步影响到他的情绪，这样周而复始，恶性循环。

还有的学生，只要遇到一点点不顺心的事，就把问题看得很严重，甚至会认为“犯任何错误，都没办法弥补，更不可饶恕”，往往以偏概全，把事情想像得糟糕透顶，过分夸大后果。

因此，调控我们的情绪和情感，最重要的是改变我们的认知，换一个角度去认识发生的事情，改变非理性认识和错误观念，这样就会从根本上预防或者缓解不良情绪。

第二，调整期望值

情绪情感产生的基础是人的需要和动机，需要和动机越强烈，情绪和情感反应也就越强烈，也就是我们越想获得最好的结果、取得最好的成绩，也就会给自己造成越大的心理压力，增加自己的烦恼。如果我们对他人、对自己、对事物所抱期望值过高，就会在内心需求难以满足时产生消极的情绪反应，所以，我们订目标不要脱离实际、高不可攀，对人、对事更不能过于追求完美，这样容易让自己陷入挫折和失败的痛苦中。

第三，心理换位，即换位思考

"我要是他会是怎样呢?""别人出了这样的问题都是怎样解决的?""别人是不是也有出现过同我一样的问题?"换位思考让我们转变思考问题的角度，正确地认识问题，从而找出解决问题的方法。比如拿到考卷突然感到考题很难，很多都不会做，这时会紧张起来，越紧张越不会做，往往导致考试成绩不理想。我们可以换位思考一下："我感觉难，大家都难，我要是考不好，别人也都会考不好。"紧张的情绪能够得到缓解，情绪稳定平静下来，更好地进入考试状态，能够发挥出良好的水平。

第四，学会转移注意力

把注意力从引起不良情绪的事情转移到其他事情上，而不是让自己一直深陷其中，什么事都做不了，这样可以使人从消极情绪中解脱出来，做一些自己感兴趣、能做到的事情，从而激发积极愉快的情绪反应。

最重要的是要有意识地转移注意焦点。如果遇到挫折，感到苦闷、烦恼，情绪低落，要暂时抛开眼前的麻烦，不去想让我们苦闷、烦恼的事，把注意力转移到自己感兴趣的活动中去。比如，可以回忆让自己感到幸福、愉快的事，以此来冲淡或忘却烦恼。还可以主动地换一个环境，外出散步、到亲戚或同学家去玩或者住一段时间，通过新的环境，冲淡、缓解消极的心理情绪。如果在学习过程中遇到问题，有许多题目自己无法解答，甚至老师讲解也听不懂，就会心里很烦，那么，下课后可以和同学做做游戏，讲讲笑话，一起去打打球，运动一下，心情就会好许多。有时我们自己也不知道到底为什么心情就很烦恼、低落，这时，如果找同学们聊聊天，下下棋，也许会忘记烦恼，豁然开朗，心情得到改善。

还要学学幽默。幽默可以学习，这种能力能够培养。所以，平时可以多看看幽默的漫画、笑话、文章等。我们说幽默是精神的消毒剂，是消除不良情绪的有效方法。有时，一句幽默的话，可以避免使自己陷入尴尬和被动的局面，并避免激化矛盾，使焦虑、不安及愤怒的情绪得以缓解。学会幽默，乐观地面对生活，才能使自己获得更多的快乐，成为生活的强者。

另外，听音乐是帮助我们转移注意力的好方法。当你情绪不好的时候，听欢快的、刚强有力的曲子，可以振奋人心，改善情绪。当然，尽量不要去听情意绵绵、悲哀的曲调，可能会使你雪上加霜，情绪更糟。

第五，积极的自我暗示和自我激励

情绪失控，和别人发生冲突的时候，如果你能够在心里默默数完 10 个数，或者让舌头在嘴里打几个转，也许就会避免一场无谓的争斗。上台表演之前做几个深呼吸，并告诉自己“我能行，我做得到”，这会增加你成功的可能性，给你自信。

每个人都应该学会自我激励，因为我们不能期待总是受到别人的关注，得到别人的支持和帮助，很多时候，我们必须自己面对问题和挫折。这时，自己给自己鼓劲，在作出相应努力之后，能够把挫折和不幸当作上帝给予自己锻炼的机会，告诉自己“天将降大任于斯人也，必先苦其心志，劳其筋骨，饿其体肤”，让我们的心情平静下来，并接受困难和挫折，而困难和挫折往往也是一种挑战，甚至是一个新的机会。所以，学会自我激励不但能改善情绪，更可以使人坚强勇敢起来，在困难和挫折中坚持下去，甚至可能会“柳暗花明又一村”，获得新的机遇和发展。

第六，合理宣泄情绪

这里强调“合理宣泄”，要在适当的场合，用适当的方式，来排解和发泄心中的不良情绪。发泄是一种情绪表现的方式，能够防止不良情绪对人体的危害。发泄应该是合理的，要有度，既不能伤害自己，更不能伤害他人。

- 在适当的场合哭一场

从科学的观点看，哭是自我心理保护的一种措施，它可以释放不良情绪产生的能量，调节机体的平衡，促进新陈代谢。哭是解除紧张、烦恼、痛苦的好方法。许多人哭一场过后，痛苦、悲伤的心情就会减轻许多。

● 向他人倾诉

有一句名言是这样说的："一份快乐，两个人分享，就变成了两份快乐；一个痛苦，两个人承担，就变成了半个痛苦。"把不愉快的事情隐藏在心中，会增加心理负担。我们要善于向别人倾诉烦恼、诉说衷肠，因为这样不仅可以使自己的心情感到舒畅，而且还能得到别人的安慰、开导，甚至获得解决问题的方法。

● 适度的运动

当一个人情绪低落时，往往不爱动，越不动注意力就越不易转移，情绪就越低落，容易形成恶性循环。因此可以通过跑步、急走等运动改变不良情绪。

● 放声歌唱或大声喊叫

放声歌唱可以提高士气，大声喊叫能够释放内心积压的郁闷，都是很好的调节情绪、发泄内心痛苦的方法，有助于使人的心理达到平衡。

当然，必须强调的一点是，发泄情绪不等同于放纵自己的感情，更不是让自己任性和胡闹。如果不分时间、场合、地点而随意发泄，既不会调控好不良的情绪，还会造成不良的后果，增加自己的麻烦和别人的心理负担，这是不合适的。

第七，升华

升华是指将痛苦、烦恼、忧愁等不良情绪转化为积极而有益的行动，从而产生积极的情绪。歌德在失恋的情况下，写出《少年维特的烦恼》，贝多芬在双耳失聪的情况下，创作出《命运交响曲》，居里夫人在其丈夫因车祸不幸身亡之后，忍受着巨大的悲痛，把自己的情感升华到对科学的忘我追求之中，终于第二次获得了诺贝尔奖。

中学生风华正茂、热情奔放、富有理想、朝气蓬勃。这是一个从幼稚走向成熟的时期；这是一个不轻易表露内心世界的时期；这是一个独立性与依赖性并存的时期；这也是一个思想单纯，少有保守观念，富有进取心的时期；同时也是应对方式情绪化，好走极端，易发生心理疾病的时期。学会管理和调控自己的情绪，是中学生走向成熟、健康成长、迈向成功人生的重要基础。

四、培养坚强的意志力

意志薄弱是中学生学习中的大敌，如有的同学不能按时完成当天的作业，在学习中碰到困难时，或者垂头丧气，或者一蹶不振，不能刻苦努力；上课不能集中注意力，不是走神，就是做小动作或睡大觉；认为自己不是读书的那块料，不愿意多看书，多钻研，一拿起书本就头疼；不能够很好地利用时间，一会儿学习，一会儿干别的事，结果一事无成；经常立志，经常下决心，但是遇到情绪不好时，或是遇到挫折时，又是灰心丧气，什么也不愿意学。这些都是缺乏意志力的表现。

要克服每一个障碍，都离不开意志力；面对困难所做出的每一个艰难的决定，我们都必须依赖于内心的力量。事实上，意志力并非是生来就有或者不可能改变的特性，它是一种能够培养和发展的技能。

如何有意识地培养自己的意志力呢？词典上将“意志力”解释成“控制人的冲动和行动的力量”，其中最关键的是“控制”和“力量”两个词。“力量”是客观存在的，问题在于如何“控制”它。当你因为疲劳和困倦，当天的作业没有做完就想睡觉时；当你因为害羞而紧张，打算放弃竞职演讲时；当你在体育课上参加800米测跑，跑得上气不接下气，想马上停下来不跑时；当你被网络游戏吸引，而准备将已坚持的学习计划暂时中断一下时；你该提醒自己“千万别松懈”“咬咬牙，坚持下去”“决不能半途而废”。

坚强的意志不是一夜间突然产生的，它在逐渐积累的过程中一步步地形成。中间还会不可避免地遇到挫折和失败，必须找出使自己斗志涣散的原因，才能有针对性地解决问题。

首先要给自己树立起明确的学习目标。很多调查表明最成功的是那些目标最具体、明确的人；其次要养成良好的学习习惯，从一点一滴的小事做起，做到“今日事，今日毕”；再次时刻提醒自己，可以在自己的床边、案卷、课本或作业本、日记本的扉页上，写上自己喜欢的名言警句作为自己的“座右铭”。当我们在学习中受到各种因素干扰时，便提醒自己，增添克服干扰的力量，以保证自己的行动能紧紧对准目标。

实践证明，每一次成功都将会使意志力进一步增强。如果你用顽强的意志克服了一种不良习惯，那么就能获取与另一次挑战决斗并且获胜的信心。

五、正确认识和应对挫折

古今中外，任何一个人在成长的道路上，都会遇到这样那样的困难和挫折。挫折感是普遍存在的一种心理现象。中学时期是人生走向成熟的一个转折时期，是一个身心快速发展的特殊时期，也是一个不稳定时期。在日常的学习和生活中，青少年随时随地都可能遇到挫折，如学习成绩不理想、人际关系处理不当等。现代社会是一个充满竞争与挑战，也充满机遇的社会，为了更好地适应并立足于这个现代竞争社会，实现自己的理想和抱负，我们必须培养自己的抗挫折能力，增强自我适应能力，磨炼自己的意志，才能从容应付并战胜学习和生活中的各种挫折。

如何才能处理好挫折呢？

首先，只有正确地认识挫折，才能学会抵抗挫折。所谓挫折，就是指个体在从事有目的的活动过程中遇到障碍或干扰，致使个体动机不能实现，需要不能满足时的情绪状态。这种状态在人生中的各个成长阶段都客观存在，只是表现形式不同而已，处在身心发育时期的青少年表现尤为明显。

如在学习中遇到的学业压力、同学间的竞争、考试失败、成绩陡降、家长的指责等，感受到极强的挫折感，被烦恼、苦闷和自卑等不良心理状态所围困，一旦不能处理好和父母及同学之间的矛盾，即使是细小的问题，也容易产生挫折。虽然遭受挫折容易使学生从心理上感到烦恼、痛苦、悲观失望，甚至消极颓废，从此一蹶不振。但它同样可以给人以教益，使犯错者猛醒，认识错误，接受教训，改弦更张；也可以激发学生的进取心，促使学生努力去克服困难，改变自己的境遇。如果以积极的心理态度去对待挫折，就会产生积极的意义，如果我们把挫折看作是对自身的一种锻炼和考验，砥砺自己的意志，这样更有利于摆脱挫折，走出困境。

遭受挫折，是人们认识世界和改造世界过程中的必然现象，任何人的成长过程中都不可避免地会遇到不同程度的挫折。正视挫折，认真分析挫折产生的主客观原因，正确对待挫折，那么就不仅可以克服和消除挫折，而且还可以磨炼自己的意志。

其次，培养积极乐观的人生观。挫折可成为弱者巨大的精神压力，也可成为强者勇往直前的动力。要意识到坚强的性格需要个人有意识的磨炼，绝不是一朝一夕就可以达到的。所以，要树立坚定的目标，培养乐观精神，这样一来就能从逆境中奋起。

再次，合理的宣泄。遭受挫折后，一般人都会感觉度日如年。人们在遭受挫折时产生的紧张情绪，必须经过某种形式得到发泄，如转移自己的视线，适当安排一些健康的娱乐活动，走出户外去呼吸大自然那新鲜的空气。丰富多彩的闲暇活动可以使挫折感转移方向，扩大思路，使内心产生一种向上的激情从而增强自信心。

最后，寻求心理工作者的帮助。分散挫折的压力。不要把痛苦闷在心里，应当主动向心理老师、同学或亲友倾诉，争取别人的谅解、同情与帮助。这样可以减轻挫折感，增强克服挫折的信心。通过个别交谈，排除心理障碍，达到摆脱矛盾，稳定情绪的理想效果。

第三篇　建立和谐的人际关系

据说，美国曾有一些宣称“不愿和别人交往”的孤独者，却不堪“孤独”而相约：“咱们成立一个孤独人协会吧！”可见，人需要交往。这就涉及人际关系问题，人际关系处理不好，往往会影响人的心理健康。有些中学生学习成绩下降，上课时不能集中精力，我们往往认为这是学习问题，其实，人际关系的紧张对学生学习的影响是很大的。

社会交往能力是人类生存的重要能力。良好的人际关系，不仅能给人生带来快乐，而且更能助人走向成功。对于我们中学生来说，在集体中能否与他人和谐相处，关系到我们的身心能否健康发展、潜能能否全面开发。因此，我们在正常的学习和生活中要有意识地培养自己，学会与周围的人建立良好的人际关系，在交往和互动中不断成熟成长。

一、做一个受欢迎的人

别人乐于接受并与之交往的人，人们称为“有人缘儿”的人。据研究表明，受人欢迎的人一般具有如下特征：

1. 主动交往。我们都希望有一个丰富的人际关系世界，并在这个世界中帮助和被帮助。同情和被同情，共享欢乐和分担痛苦。但是，我们有时不是主动去交往，而是被动的等待别人注意和接纳。根据人际关系的交互性原则，别人是不会无缘无故地对我们感兴趣的。所以，我们要想同别人建立良好的人际关系，就要学会主动与别人打招呼，主动交往。

2. 聆听重于表达。学会“倾听”是人际交往时受欢迎的第一步。在交往中，善于听别人讲话很重要。会倾听的人，在别人的心目中都会留下良好的第一印象。倾听说明你在乎说话的人，对于这种积极倾听，通常对方都会以好感和感激来回报。在聆听过程中，要用整个身心去聆听，静静地聆听，并给对方以必要的反馈。做个积极的听众，聆听来自不同方面的意见，聆听别人的赞颂和批评，聆听唠叨，聆听自己心灵深处的声音。

3. 尊重别人。尊重别人就是尊重了自己，那么你又怎样去尊重别人呢？要从小事做起，一点一滴做起，从一点小事学会处处为别人着想，从普通的话语开始去尊重别人，古语说：“打人不打脸，揭人不揭短。”你能为别人着想，收获最多的是你自己。

4. 不过分谦虚。过分的谦虚会让别人感到虚伪，过分的谦虚等于骄傲。显得你得理不饶人，无理要三分。

5. 不过分讨好别人。做事有自己的原则。不为了迎合别人而专说假话，更不能为了博得别人的欢心做表面文章。

6. 珍惜自己和别人的时间。“生命是以时间为单位的，浪费别人的时间等于谋财害命；浪费自己的时间，等于慢性自杀。”鲁迅先生的这番话正说明了这一点。

7. 善于理解别人。从别人的角度考虑问题，换位思考、体验别人内心的真实情感，这样才能拉近心理距离。促进情感联系。

8. 乐于关心、帮助他人、富有同情心。人与人之间的相互帮助首先是情感性的，其次才是物质的，学会帮助别人。坦诚大方，友爱互助，热情真诚是人际交往的良好品格，也是我们建立良好的人际关系的重要条件。

二、正确选择友谊

1. 什么是朋友

古人云："同师曰朋，同志曰友"。所谓朋友，一般是指在人际交往中关系较密切的人。

爱因斯坦说："世间最美好的东西，莫过于有几个头脑和心地都很正直的严正的朋友。""漂亮的船需要舵桨才能摆渡，高明的人也需要朋友的帮助。""一个人没有朋友，就像生活里没有阳光，朋友的价值超过黄金满仓。"这些格言说明每个人都要有朋友。"在家靠父母，出门靠朋友。"把朋友与亲情相提并论便有了"亲朋好友"的说法。可见朋友在人生当中占有重要位置。一个志同道合的朋友，往往是事业成功的重要组成部分，对人的一生会产生重大影响。马克思和恩格斯，是一对患难与共的朋友，他们有共同的世界观、相同的情趣和追求。当马克思为了研究资本论而导致生活贫困、无法维持生计之时，恩格斯慷慨解囊相助，成为马克思一家的经济来源和坚强后盾。他们是为共同的理想和追求而结为真挚的密友，是我们学习的好榜样。

2. 什么是友谊

友谊是朋友之间的亲密的感情关系，是为了避免孤独，满足社会需要，实现个人价值建立的较密切的非亲缘的情感关系，是互相依赖的高尚的情感。人们交朋友的行为是受情感支配的，这

种情感叫友谊。

高尔基曾经说过："真实的十分理智的友谊是人生最美的无价之宝。"也有人形容友谊是一杯醇美的酒，它浓郁醉人，芬芳四溢；友谊是人生的花朵，是沙漠的绿洲等。

爱迪生说："友谊增进欢乐，减轻痛苦，因为它能倍增我们的喜悦，分担我们的烦恼。"还有人说，世界上没有比友谊更美好、更令人愉快的东西了，没有友谊世界仿佛失去了太阳。

苏霍姆林斯基说："友谊是培养人的感情的学校。我们需要友谊，并不是想用它打发时间，而是要用在人身上，首先在自己身上培养美德。"又说："心灵空虚的人不会有真正的朋友，他体会不到友谊的重要性。"

3. 中学生友谊的特点

（1）选择性。选择能表现"自我"并能维护个人特点、又有利于前途发展的志同道合的人。

（2）稳定性。希望朋友之间友谊长存，希望朋友不失掉自己，不忘记自己。

（3）亲密性。互相帮助、忠实、心理上亲密。

（4）依恋性。依靠朋友，难舍难离。

（5）性别的认同性。小学生开始就有性别认同性，男孩和女孩做不同的游戏，选择不同的伙伴。初中开始出现“男性化”与“女性化”，开始评价自己体型和外貌。高中生不仅自我评价，而且争取社会他人的认同，让他人承认自己是一个男子汉，或自己是一个标准女性。

友谊永远是美德的辅佐。谁不懂得友谊，谁就不会生活。

4. 我们为什么需要友谊

（1）中学生的心理特点需求友谊。一是由于独立性迅速发展，在渴望摆脱父母约束的同时又具有不安感、孤独感、急躁感，因而容易对同龄人产生依恋性。同时随着成人感的产生，自制力的增强，家长和老师的影响相对减弱，再加上性的成熟，给中学生带来了困惑和不安，因此渴望交往，需求友谊；二是由于精力充沛，有强烈的探索欲望，有执著的追求和理想，积极寻求自己的小天地，寻找自己的知己，非常需求友谊。

（2）社会的影响令中学生需求友谊。社会的改革和发展、市场经济的逐步完善、各种新型的人际关系正在形成。市场经济需要会交际的人才，作为中学生必须面向未来，面向市场经济，必须学会社会的交际，提高交际能力，同时社会的改革和发展也为中学生广泛交往提供了许多机会。

5. 影响结交朋友的因素

（1）班组关系。在同一个班，同一个组，容易得到支持和互相帮助，在交往中结下了友谊，成为朋友。

（2）邻里关系。邻居、邻座朝夕相处，互相帮助，容易产生依赖感和信任感，容易建立感情，成为朋友。

（3）家庭条件、个人条件相似。这些同学在一起有共同语言，在一起活动感情融洽，很容易结成朋友。

（4）交往频繁程度。在学习、生活中，来往密切，交往频繁，于是建立了友谊，成为朋友。

（5）机遇。主要是指与外校的同学及社会上一些人一次或几次偶然的交往，留下了情谊，发展成朋友。

6. 选择朋友的条件

交往不等于彼此成为朋友，成为朋友必须具备下面条件：

（1）志向相同。有共同理想、共同奋斗目标。一个上进的人不会和一个没有进取心的人交朋友的。

（2）情趣相似。兴趣、爱好、生活习惯相似或经历相同。

（3）人品相近。指人格、气质、品德等方面基本相近。

（4）智力相当。智力悬殊的人不能成为朋友，因双方的思维方式、方法都不一样。“物以类聚，人以群分”，和什么人成为朋友，就能看出他本身是何等人。

7. 人际交往的原则

（1）以真诚为基础。以诚相待、团结、互助、共同提高、共同进步。不能凭一时冲动，更不能将哥们义气等同于真诚友谊。

（2）以慎重为原则。教育家谢觉哉说过：“和好人交朋友，受到朋友的帮助，自己就随着好了，所谓‘与善人居，如入芝兰之室，久而不闻其香’；与坏人交朋友，受到朋友的侵蚀，自己就随着坏了，所谓‘与不善人居，如入鲍鱼之肆，久而不闻其臭’。所以我们要知道‘择交’；要交‘益友’，不交‘损友’。”“近朱者赤，近墨者黑”也是说明了谨慎交友的重要性。

（3）须注意的交友误区：

● 娱乐朋友不能为。有人在一起就是玩：打麻将、打扑克、打游戏机、唱卡拉 OK 等，有些甚至带有赌博性质，长此以往，这种朋友关系可能会使人道德败坏，走上犯罪道路。

● 互利朋友不能久。有人在一起为了得到什么实惠、互相利用。你给我保镖，我供你抽烟等。别林斯基说：“真正朋友不把友谊挂在口上，他们并不为了友谊而相互要求什么，而是彼此为对方做一切办得到的事。”等价交换关系的朋友不会长久。

● 烟酒朋友不能交。有人在一起成天为了吃吃喝喝。没钱就去偷、抢而走上犯罪道路。

● 江湖朋友不能结。有人为了打架找靠山，以此目的交友结盟，这样的朋友不能交，迟早要惹祸的。

● 对网上朋友要小心。计算机网络发展普及以后出现了“网上朋友”，对网友千万要小心，因不知对方的真实身份和用心，不可轻易相约、相会。

● 注意依恋界限。依恋之情是人从小就有的。幼儿时喜欢谁抱、3 岁以后跟谁要好、初中时和谁是一伙的、高中时和谁亲密等。由于性成熟出现性冲动，青少年在初中阶段甚至更早的时候出现早恋的行为，例如对异性有特别的好感、男女生间交换表达爱意的小纸条或信件等，但这不是爱情，而是把依恋之情、友谊之情误认为是爱情。

中学生要注意绝不能把友谊之情、依恋的情感误认为是爱情，更要控制性冲动。否则可能会让这种不成熟的情感伤害了他人，也伤害了自己，甚至走上犯罪的不归路。愿同学们在法规、校纪中健康成长，让友谊长存！

三、妥善处理竞争与友谊的关系

有的同学反映，自己在处理与同学之间的竞争与友谊的关系时，往往感到很难恰当地处理好，感叹“鱼与熊掌难以兼得”。确实如此，现代社会无论是在哪一个方面都充满了激烈的竞争，而友谊又是每个人不可或缺的，因而出现这样的困惑也不奇怪。但毕竟同窗几载，竞争与友谊会时常伴随着自己，因而如何正确对待竞争与友谊也是学生处理人际关系的一个重要方面。

首先，培养自己的竞争意识

何谓竞争？古人云：“并逐曰竞，对辩曰争”。《辞海》上说：“竞争即是互相争”。可以认为竞争是个人或团体间力图胜过或压倒对方的心理状态和行为活动。

作为当代中学生，在与同学交往中应树立拼搏精神和竞争意识，就是说，在学习科学文化知识中的过程要不甘落后，敢于脱颖而出；在人生道路上，要敢于冒尖，争当“出头鸟”。即使竞争有时会显得不近人情，甚至可能要付出巨大的努力和一定的代价，但只要竞争的目的是为了追求真理，有利于调动人的主动性、创造性，更好地为社会、集体或个人的发展而奋发学习，努力工作，我们就要勇于参与竞争。不难想像，一个缺乏竞争意识，学习成绩平平，工作不积极的人是很难赢得同学的尊重和好感的。

其次，采取正确的竞争态度和方式

可以预见，随着社会的发展，学生面临的竞争会更加激烈。面对竞争，我们应调整心态，勇敢地去参与，要摒弃一切陈旧观念，明确竞争意识与追名逐利或虚荣思想有着本质的区别，否则就有可能落后于时代，落后于社会。同时，我们也应采取正确的竞争方式。有竞争就会有胜负，面对胜负，应保持胜不骄，败不馁的健康心态。当处于劣势时，应改变思路和方法，提高自己，以赶超对方。而不能贬低或破坏对方的名誉来获得自己的优势，更不能心生嫉妒，背地里风言风语说风凉话或采取不正当的手段；处于优势时，则应保持虚心，不骄傲，不能看到同学落后于自己而幸灾乐祸，要做到“多赢”。

最后，在竞争中发展友谊，在友谊中促进竞争

竞争与友谊是并行不悖的。竞争标志着奋发进取，积极向上，是前进的推动力，使生活充满生机。你追我赶，竞高争长，最能促使学业不断进步，思想积极上进。友谊是一种特殊的人际

关系，它作为人类古老而美好的情怀，是联结人们心灵的纽带，是人的情感生活的重要组成部分。通过友谊，能促使我们在学业上互相切磋，品德上互相激励，思想上互相启迪，使我们愉快充实地度过学生时代的美好时光。所以竞争与友谊在本质上是没有冲突的。当然，假如你把竞争建立在个人主义的基础上，这竞争就有可能破坏友谊、葬送友谊。因而我们在竞争时也应坚持集体主义原则，应伸出友谊之手，积极发展友谊。同学向你借笔记或请教于你时应热情帮助，从而做到彼此激励，相互竞赛，共同攀登，形成一个和睦、友好、互励的良好氛围。

总之，同学之间要互相竞争，在竞争中要消除嫉妒心理，讲求协作精神，培养向上、争雄之风。同学们，百舸争流，奋辑者为先。祝愿你们与自己的同学在竞争中永葆青春活力、友谊递增。

四、学会与他人相处

“找啊、找啊、找朋友，找到一个好朋友……”

伴随着这首儿歌，很多孩子在幸福地成长着。可是，有很多学生在感叹，他们找不到“朋友”。

中学时期，是我们学习社会角色、发展自我意识的重要时期，而这种社会角色是在与人交往的过程中，尤其是与同伴的交往中发展起来的。同伴交往具有亲子交往所不能代替或弥补的功能。

1. 与同学相处

要跟同学相处得融洽，要注意做到以下几点：

第一，我们和同学相处，应该把握一个度。因为和同学相处毕竟不是一天两天的事，更何况，我们也不可能在几天之内就将一个人彻底地认识。从哲学上分析，我们首先接触到的只是事物的表面现象，我们要不断地积累感性材料，并不断地对这些感性材料进行加工处理，进而得出实质性的东西。

记住，千万不要轻易地给某个人下结论，不要很快地去评价某人怎样怎样，路遥知马力，日久见人心。为了能够很好地和同学交往，还是应该慢慢来，渐渐地了解对方的性格，以及其他方面的情况，具体对待，控制好火候，做到和同学和平相处，友好交往。

第二，在交往中恰当地表现自己。在漫长的交往中，我们要渐渐地把自身的优点展现出来。一个人不可能是十全十美的，我们每个人都可能有这样或那样的缺点，要在别人的目光或言语声中，主动地去认识自己，反省自己，发现自己的缺点。人往往会有自私心理，总认为自己是完美的，同时又不敢直接面对自己的不足。其实，在你发现了自己的不足时，你也会找到自己的优点的，并会得到别人的认可。

第三，健全自己完整的人格。每个人都有其独特的个性，有其特有的行为模式，这也是健全人格的特征之一。与同学相处时，固然有迁就别人的需要，须保持比较随和的态度，但这也是有限度的。因为随和不代表放弃一切原则，迁就别人。如果那样，是不会得到同学的信任和尊敬的。但当你拒绝同学的一些有违于自己的原则和立场的请求时，要注意，不要过分强调自己的道德和行为标准，标榜自己的公正、清高、廉洁和守法的品质，使对方感到难堪，甚至觉得你是在间接地责备他。你只需说明你不能满足他的原因。对方若是明理之人，当然不会责怪你；如果你这样做，仍不能为对方所谅解，也就只好随他了。“岂能尽如人意，但求无愧我心”这句话是要记住的。当然，最好的办法是在平日的接人待物中，能将自己的处事原则和态度明白地表现出来，让同学知道你是怎样的一个人。这样，别人知道了你的作风，就不会勉强你去做你不愿做的事情。另外，要知道有些人是永远不可能做朋友的，还要知道什么时候说“不”。

第四，克服以自我为中心。自我中心会严重影响人际关系。自我中心的人，为人处事总是以自己的兴趣和需要为中心，只关心自己的利益，而不关心别人的利益，从自己的经验出发去看问题，并坚持自己的意见不轻易改变。所以，自我中心的人在与人交往中，很少关心别人，把别人都看作是为自己服务的。并且，在看问题时，固执己见，很难在交往中和别人产生共鸣。同时，自我中心的人往往自尊心过分强烈，常会产生嫉妒心理，出现自我封闭和自卑孤独，使别人敬而远之。久而久之，就会成为被别人冷落的对象。所以，要避免自我中心，与别人相处时要学会接受批评，平等相处。学会接受别人的正确意见，避免固执己见，唯我独尊。不能过分苛求别人，这样，才能与人和谐相处，建立良好的人际关系。

第五，学会宽容，得理让人。在人际交往的过程中，难免会发生不愉快的事情，和同学有误会，闹矛盾，要多反省自己，找机会主动化解。在交往中要学会宽容，正确看待每个人的长处和不足。谅解他人。人人都有缺点，要辩证地认识朋友的优点和缺点，长处和短处，得理也要让人。

总之，和同学相处，需要彼此之间能相互尊重，相互交流，坦诚相见，取长补短，并善于关心与体贴。在尊重、热情、诚恳、谦虚、友善的基础上建立良好的同学关系。

2. 与老师相处

在日常交往中，学生除了与父母和同学的交往外，与其打交道最多的就是老师了，特别是中学生，与老师接触的时间会远远超过父母。在与老师的交往中，我们可能都会有程度不同的“亲其师，重其道”的体会：与哪个老师关系比较融洽，喜欢上哪门课，哪门课成绩就好。融洽的师生关系，可以促进我们的学习。同时，在与老师的交往和互动中，又会让我们学到很多做人的道理，帮助我们成长。那么，我们该怎样与老师交往呢？

第一，做好交往的心理准备。缺乏和老师交往经验的同学，在老师面前容易出现过度紧张、脸红、不知所措等不良反应，这有碍于师生关系的深入发展，若要克服这种现象，就必须做好一定的心理准备。

（1）培养自己的交往意识。相对于学生来说，教师具有更丰富、更广博的知识，具有更多更深的人生阅历，也具有更为完整的人格和成熟的个性。因此，在与老师交往的过程中，学生可以获得老师的关心，学习老师的经验，接受老师的教诲，从而满足自己的情感需要，并使自己不断成长和完善。因此，每个学生都应培养主动与老师交往的意识。

（2）打好谈话腹稿。由于老师与学生的特殊关系，初与老师交往的同学有些不适应，这是很正常的现象。有位同学说，他每次和班主任谈心时都会出现思维短路，交谈的形式总是老师问一句他答一句，老师没话问了他也觉得无话可说了，这种情况让他尴尬极了，几乎令他丧失交往的勇气。一般说来，和老师谈话都有一定的目的，或寻求学习上的帮助，或解决心理上的困惑等。

若在谈话前先想想自己要问什么，该说什么话，有备而来，就能有效地克服胆怯、紧张等心理现象，提高交往的信心。

不要以为老师的地位高高在上，他们一样会有烦恼和快乐，所以要多与老师进行朋友式的沟通交流。事实上没有一个老师不想走入学生中。有什么心事尽可以大胆地去找老师，因为老师也许不能解决你所有的问题，但因为你的信任他会感到高兴，与你的心理距离也会拉近。

第二，尊重老师。与老师交往，要尊重老师的劳动。老师几乎是把所有知识无私地、毫无保留地教给学生，如果他们希望得到什么回报的话，就是看到学生成才、在知识的高峰上越攀越高。我们在学习和生活中，给予老师应有的尊重是与老师建立良好关系的基本前提。上课认真听讲，不破坏纪律，按时完成作业。这是对老师的起码尊重，也是对知识、对劳动的尊重。同时，要勤学好问，向老师虚心求教。这样做不但增加了学习的机会，还会加深和老师的交流，从而缩短了与老师的距离。每个老师都喜欢肯动脑筋的学生，经常向老师请教学习上的问题就会加深师生间的了解和感情。另外，做到主动与老师联系，见到老师礼貌地打声招呼，也会增加交流和了解的机会。从而会更好的理解老师，使师生在交往中得到共同发展和提高。

第三，正确对待老师的缺点和不足。老师也是人，是人总会有缺点和过失。要多看好的一面，多看有利于自己学习的一面。作为中学生的我们对老师的评价往往有局限性、表面化，甚至产生偏见和误解。师生间产生的误会，不一定是老师的不对。角度不同，看问题当然会有些不同。因此，我们要客观、全面地认识老师、走近老师、并学会欣赏老师。

第四，正确对待老师的批评。如果是自己的过错，要勇于承认并且及时改正。错了就是错了，主动向老师承认并且改正就是好学生。如果与老师之间产生了误会要主动与老师交流，解决问题的最根本的办法是：主动、及时、诚恳地向老师解释清楚，澄清误会。

3. 与家长相处

我们与父母的关系是人际关系的重要组成部分，对我们的学习和生活会产生很大的影响。尤其是作为中学生的我们，随着身心的发展，有时会与父母之间出现摩擦、或矛盾冲突，会影响到家庭的气氛。那么，我们怎样处理好与父母的关系呢？

第一，正确认识与父母之间的代沟。代沟是两代人在思想和行为上的差异。由于两代人的成长背景和经历不同，看问题的角度也不同，必然会有代沟出现。但是，我们可以通过努力把代沟造成的影响降到最低。我们首先要尊重父母，这是最基本的与父母相处的出发点。无论有什么分歧，都要对父母态度温和，有礼貌和尊重。同时，要学会和父母心平气和地沟通，说出你的想法和要求，得到父母的理解。和父母产生矛盾冲突时，要多理解父母的苦心，主动与他们交流和好，并且多反省自己，求得他们的谅解。沟通交流很主要，让父母了解你的想法和做法，他们才会放心。并在生活中，表现自己的独立能力，让父母放心。另外，也要求同存异，形成共识，取长补短，不走极端。

第二，了解并理解父母，正确面对家长的期待，并能理解家长，保持冷静的态度。当家长对你的期望过高，你感到压力过大时，要找朋友、老师、家长主动沟通，让父母能客观准确地了解自己，是青少年成长的重要因素之一。

第三，体谅、关心父母，满足父母的心理需要。应该从“不起眼”的生活琐事做起。现实生活告诉我们，父母和我们不仅有血缘关系，而且还有丰富的感情因素，因此我们对父母的真挚感情、关心和爱抚的力量，能创造出更和谐温馨的家庭气氛。

五、掌握人际交往的技巧

没有人与人之间的交往，世界将成为一片荒凉的沙漠。交往给人带来幸福和欢乐，正如一位著名的心理学家所言：一个人成功的因素85%来自社交。但是在现实生活中，相当多的人由于不能与别人和谐相处而苦恼。那么如何才能建立良好的人际关系呢？

1. 乐于交友。要让别人喜欢自己，首先要对别人表示友善，乐于交友。可以设想，对别人不友善的人，谁会想要和他交朋友呢？

2. 学会聆听。要与他人处好关系，耐心地倾听他人的讲话，学会当一个忠实的听众，这是十分必要的。

3. 学会说话。要善于表达自己的情感与想法；注意在不同场合讲话的分寸；不讲不该说的话；在讲话中注意幽默感则能增加个人魅力，克服尴尬场面；在谈话中，注意谈起对方感兴趣的事情和最为珍视的东西，真诚慷慨地赞扬或赞美别人，使之高兴，就不难与之接近了。

4. 抛弃嫉妒心。妒忌别人，实际上是企图剥夺别人已经得到的物质和精神的东西，这种心理极易引起别人反感。同时要避免猜疑、苛求、孤僻、自卑与自满等不良心理状态。

5. 慎交友，交益友。并非人人都想和你交朋友，也并非人人都适合成为你的朋友。所以要有选择地交友，在人际交往中，完善自我，寻找快乐，摆脱忧愁，有益于身心健康。

总之，在这日益物质化的年代，人们从内心深处渴望得到人与人之间真诚的关爱，用你的真诚去获得朋友的信任，你才能有真正的朋友。多交朋友不是靠头脑灵活，而是靠善良的心灵、热情的性格，以及坦率、真诚的态度。多一个朋友你将多了一份鼓励、多一份支持，才会扬起辉煌的生命之帆，达到成功的彼岸。

六、克服交往中的心理障碍

良好的心理素质，是人们进行广泛社交活动的必要条件，也是语言技巧、交际才能得以充分发挥的前提。相反，心理状态不佳，会形成某些隔膜和屏障，在一定程度上阻碍了人们交朋结友和适应社会。因此，我们在工作生活中应该注重自身修养，努力克服以下种种人际交往中的心理障碍。

1. 自卑心理。有些人容易产生自卑感，甚至瞧不起自己，只知其短不知其长，甘居人下，缺乏应有的自信心，无法发挥自己的优势和特长。有自卑感的人，在社会交往中办事无胆量，习惯随声附和，没有自己的主见。这种心态如不改变，久而久之，会逐渐磨损人的胆识、魄力和独特个性。

2. 怯懦心理。主要见于涉世不深、阅历较浅、性格内向、不善辞令的人。怯懦会阻碍自己计划与设想的实现。怯懦心理是束缚思想行为的绳索，理应断之，弃之。

3. 猜疑心理。有猜忌心理的人，往往爱用不信任的眼光去审视对方和看待外界事物，每每看到别人议论什么，就认为人家是在讲自己的坏话。猜忌成癖的人，往往捕风捉影，节外生枝，说三道四，挑起事端，其结果只能是自寻烦恼，害人害己。

4. 逆反心理。逆反心理容易模糊是非曲直的界限，会使人产生反感和厌恶。

5. 排他心理。人类已有的知识、经验以及思维方式等，需要不断地更新，否则就会失去活力，甚至产生负效应。排他心理恰好忽视了这一点，它表现为抱残守缺，拒绝拓展思维，促使人们只在自我封闭的狭小空间内兜圈子。

6. 做戏心理。有的人把交朋友当作是逢场作戏，往往朝秦暮楚，见异思迁，且喜欢吹牛。这种人与人之间的交往方式只是在做表面文章，因而常常得不到真正的友谊和朋友。

7. 功利心理。有的人认为交朋友的目的就是为了“互相利用”，因此他们只结交对自己有用、能给自己带来好处的人，而且常常是“过河拆桥”。这种人际交往中的功利心理，不但交不到真正的朋友，而且会使自己的人格受到损害。

8. 冷漠心理。有些人对与自己无关的人和事一概冷漠对待，甚至错误地认为言语尖刻、态度孤傲、高视阔步，就是自己的“个性”，致使别人不敢接近自己，从而失去了更多的朋友。

第四篇　快乐学习　走向成功

“学习是一件苦差事”，不少学生是这样看待学习的；“学习就是我的全部……”，也有学生这样要求自己；“我怎么学也学不好，我已经不堪重负……”等等。学习确实不是一件轻松的事，从早到晚，我们的孩子基本上都是在学校和教室中度过的，数不清的知识要掌握，做不完的各科作业，很多学生疲于应付，甚至消极“怠工”，磨时间、混日子。就学习本身而言，不仅要勤奋、能吃苦，还要有策略，有方法。虽“学海无涯”，但“书山有路”。

一、有效激发学习兴趣

学习是学生的本分，是学生生活的重心。所以，对学生而言，学习成绩如何，意义非同一般。受传统应试教育的影响，甚至一些人还抱有“只要学习好，其他什么都不重要”的思想，从社会现实来看，学习成绩如何，也确实是评价一个学生的最主要的成分。所以，无论从社会、学校、家庭，还是学生自身来说，重视学习，千方百计提高学习成绩，都是很重要的一件事。

如何根据学生的实际情况，帮助学生树立正确的学习观，养成良好的学习习惯，找到适合自己的学习方法，从而有效地提高学习成绩，这是长期以来人们一直在探索的问题。

多项研究表明，在影响学习效果的因素中，“兴趣”居于前列。有良好的学习兴趣，才能够投入其中，以饱满的热情和内在动机去应对学习过程中的问题和困难，更为重要的是，从兴趣出发，能够使人感受和享受解决问题的快感和成就感，这种成就感能够促使产生愉悦情绪体验，从而把学习当作一种快乐，并保持一种持续的动力，提高应对学习任务的效率。“兴趣是最好的老师”，学习兴趣浓厚的学生，对待学习的态度是“乐学”，在学习时专注投入，能自觉及时地总结学习的心得体会，学习效率高，学习效果好。相反，丧失学习兴趣的学生，对待学习的态度是“苦学”，学习消极被动，注意力容易分散，学习效率低下，学习效果差。

因此，我们强调要很好地保持学习的兴趣。但是，想要对某一科目产生兴趣，并良好地保持下去，方法很多，兴趣问题也一直是人们关注和感兴趣的话题，总结出了很多办法。在这里针对中学生的学习兴趣问题，谈谈感受和方法，希望能够给予中学生一些启示和帮助。

1. 为什么对学习不感兴趣

对某一学科或科目的兴趣，受许多因素的影响，充分关注学习兴趣的影响因素，有利于从学生的生理和心理特点出发，采取积极措施，切实培养和强化学习兴趣。

（1）精神家园的物质化

不可否认，对物质文明的倡导和追求，已经成为一种社会现象，很大程度上影响或者抵消了人们对精神文明的渴望，精神家园正被物质化，人生幸福的标准以金钱和权力为衡量，人生价值的实现以获取为标准，淡化了付出，更谈不上奉献，就连学生帮助老师打扫卫生、搬运一些物品时，也要问一句“给我们加多少分”，现实利益的回报取代了内心世界美好情感的彰显，实际上体现出来的是人生观与价值观的异化，学生在“为什么而学习”“应该学些什么”等问题上产生了困惑。这必然导致中学生在成长过程中的价值判断、是非观念的迷茫和混乱。尤其受家庭、社会环境、多渠道、无限量的良莠不分的信息的影响，致使学生对单调而繁重的学习任务产生排斥，对学习当然难以培养起良好的兴趣。

（2）应试教育的弊病一时难以消除

沉重的应试教育，压抑了学生灵动的天性，把千变万化、丰富多彩的知识变成了冷酷的分数和名次，没有分数和名次的学习就是无效的学习，家长、老师、学生，三位一体，把具有无限憧憬和创造力的青少年的好奇心和求知欲一再地压制下去，对于大多数孩子来说，难以取得骄人的分数，一次次的挫败和打击，繁重的学业负担，使得学习已经从自我完善的需要成为被迫接受的令人痛苦的“差使”，学生经常只能被动地接受，疲于应付，体会不到学习乐趣。孩子们的意志消沉了，眼睛失去了往日的光彩，很多孩子“消极怠工”，甚至逃避学习，早恋、上网、无所事事，异化了他们的兴趣，唯独缺失了对知识的渴望，对学习的兴趣。

应试教育导致了知识内容和教育方法的失当，知识量大，教育方法单一，把知识的探索过程变成了枯燥的灌输过程，孩子们自然就没有学习的兴趣了。

（3）家庭教育的失职

现实生活中，由于有些家长对孩子教育的失职，从而使孩子错失了人生关键期的主题，比如 0 ~3 岁是安全感和自主人格的形成期，但很多“母亲缺席”造成孩子的“不信任感”，形成被动人格，缺乏主动探索精神；3 ~6 岁，如果自信与任性之间的平衡没有形成，要么扼杀自信，要么走向另一个极端——任性；6

岁~青春期，上进心和勤奋感的激发和培养，是最重要的，而我们的家长和老师，用“笨蛋”、“没出息”、“这题都不会做，你还能会做什么……”等等类似的语言，逐渐扼杀和消磨了孩子们的进取心。对学习没兴趣，每天不知道自己该做些什么，这样的孩子其实不是少数。

（4）独生子女的性格缺陷

现在的独生子女往往自制力差，意志薄弱，依赖性强，鲜受挫折，缺乏应对困难的意识和能力，从小只知获取，不懂得付出与得到之间的辩证关系，家庭中没有兄弟姐妹之间的协作与竞争，进入学校和社会，又面临太多的人际关系和竞争，心理承受能力没有经受锻炼，就直接经受考验。在学习上，往往浅尝辄止，一遇挫败，就丧失意志力和兴趣，兴趣多变而不稳定，难以持续而坚持地完成某一任务。

2. 培养学习兴趣

现在的孩子厌学，不爱学习，要“看着”才能学习，甚至不学无术，对学习根本就没有兴趣。表面上看，这是某个或者某些孩子的问题，实际上也体现了很多深层的问题，比如：从社会角度，如何处理物质与精神的需要的合理满足；从教育的角度，如何给予孩子适合其年龄特征的知识内容和教育方法；从家庭的角度，从小养成孩子健康、积极、客观的性格特征以及初步树立感知世界、认识世界、认识自我的良好的价值体系。所以，如何培养学习兴趣，需要社会、学校、家庭的正确认识和努力。这里，我们主要从两方面来探讨学习兴趣问题。

（1）社会、家庭、学校，要尽最大努力，培养孩子良好的行为习惯、积极健康的兴趣爱好，保护好孩子们的好奇心和求知欲，以多种手段塑造美好精神家园，有效抵制社会不良环境和风气对青少年的影响，还孩子一个纯净、美好、快乐、自由的学生时代。

当然，这是一个艰巨的任务，更是一个长期的任务，但最起码，作为教育者和成年人，应该具有这样的认识和使命感。

（2）从学生自身角度，具体可采取以下一些方法

方法1：满怀兴趣地学习

国外有人在一份青少年杂志上提出“满怀兴趣地学习”的方法，鼓励青少年进行实验：你对某一门学科不感兴趣吗？那么请你坐下来，充满信心地想像这门学科是非常有趣的，我从今天起要好好学习这门课，在这门课中我一定能获得无穷乐趣。首先响应这一号召的有1700名学生，后来又增加到3000名。几个星期后，研究者陆续收到一封封汇报信。结果比预料的还要好，实验成功了！

下面是许多汇报信中的两封。

之一：以前每次我开始学习俄语语法时，我就不断的打哈欠，我真觉得枯燥无味！开始实验时，我努力控制打哈欠。我非常想打哈欠，可我紧闭住嘴。在开始准备语法课前，我故意让自己表现出高兴的心情，就像预习历史时那样（历史是我最爱的课程）。我跳啊、唱啊，我想像着一定会像历史那样有趣。这样持续了12天，您知道，现在这种自我寻找乐趣的方法已经成了我

的习惯。俄语课也真的使我觉得是一门有趣的课程了！

之二：对我来说，地理是一门枯燥无味的课程。在课堂上，我觉得毫无兴趣。我怀着一种焦急的心情等待下课铃声。后来，我们班开始做“满怀兴趣地学习”的实验。我想，我一定能做这个实验。放学后，我回到家坐下来学地理。“我喜欢你，地理!”我重复着说。我开始觉得地理不像从前那样枯燥无味了。第二天，我在图书馆借了一本有关地理的书。回家后，我先收拾了一下房间，然后就高高兴兴地读了起来。在上地理时，我也开始听老师讲课了。现在，我很喜欢地理，总是急不可待地盼着上地理课……

实验成功的原因：我们对某一件事，事先有了一种期望——肯定会有趣。是“期望”在起作用，这种期望其实就是一种自我暗示。反过来也一样，与其说我们对某一活动没有兴趣，不如说我们期望这一活动没有兴趣，也是“期望”在起作用。因此，我们应该反过来。换一种“期望”，试着对该门学科抱有积极的兴趣期望。

同理，想像学习成功后的情景，可以激发学习兴趣。当我们满腔热情地去做任何一件事前，一般都对它的结果有了预期的想像，促使我们能够坚持去做这件事情。例如想像某个电影非常好看，才促使你去看，假如你事先想像这个电影不好看，那么你一定不去看。厨师想像自己做出来的菜肴是什么味道，继而辛苦劳作；作曲家想像自己谱的曲子是多么优美动听，从而激发出创作热情。我们可以想像考试成绩优秀，可以顺利进入大学，为家庭为社会做出贡献，为个人创造美好前程。也可以想像考试成绩优秀，得到老师、家长的赞扬，得到同学们的羡慕等，从而激发学习兴趣。

这样，满怀兴趣你就会有兴趣。

方法2：了解学习目的，建立间接兴趣

学习目的是指某学科的学习结果是什么，为什么要学习该学科。当学习该学科没有太强的吸引力时，对学习这个科目的目的明确，是能够很好地帮助学生建立起起码的兴趣的。比如，学习英语，告诉自己“英语是主科，在考试中占有巨大的地位和比重”，同时多了解自己感兴趣的外国某一方面的知识，以促使自己增加学习英语的积极性。

方法3：以成功累积成功，即以不断地获得成就感而增加学习某一科目的兴趣

在学习的过程中每取得一个成功，就进行自我奖赏，达到一个目标，就给自己相应的奖励。有小进步、实现小目标就小奖赏，如玩一次电脑、睡一个懒觉；有大进步、实现大目标则大奖励，如买一本自己喜欢的书、周末出去玩等。这样不断累加成就感，同时也不断累积一点一滴的知识内容，兴趣自然就浓厚起来。

方法4：兴趣的迁移

兴趣的迁移不等于兴趣的多变。兴趣的多变是指原有的兴趣被后来更新异的兴趣所代替，不能够稳定保持某一兴趣的拓展和更新。兴趣的迁移是指以原有兴趣为原点，发展出更多与原有兴

趣相关的其他兴趣，并且这些兴趣是以知识的探索和学习为目的的。如爱玩汽车，到了高年级后，就应当去发现、了解与爱好有关的知识：如怎样当个好驾驶员？汽车是如何发动的？汽车的构造原理是什么？我所学的知识中哪些和它们有关系？

甚至要了解更多汽车的类型和有关知识，就要不断学习外语，才能读懂汽车的介绍。这样就把对学习的兴趣在原有的基础上发展起来。

方法5：不断提出问题

当你为回答或解答一个问题而去读书时，学习的目的性就明确了。看书前，要准备一些问题，最好在笔记中详细列出自己提出的问题，在学习过程中逐一解决问题。例如学习阿基米德定律时，可问：阿基米德定律的内容是什么？它是怎样发现的？怎样证明它的结论是对的？它的公式是什么？使用它应注意什么问题？我能否用其他的办法推出？为了回答这些问题，开始时强迫自己详细看下去，并一一找出问题答案，在不断解决问题的过程中，你也就逐渐投入到了学习的过程中，也就很容易被书中的知识所吸引。

二、确定合理的学习目标

有这样一个故事：一个著名的马拉松运动员，每次比赛前都会开着车沿着赛道逛几圈。有人问他这是为什么，他说在比赛的时候，他并不是想着一口气跑完所有的赛程，而是提前在比赛经过的街道上选一些标志性建筑作为目标。当跑过一个标志性建筑后，他的下一个目标就是到达附近的另一个标志性建筑。当跑过所有目标时，他便跑完了整个比赛。

可见，一个明确的学习目标，能够产生巨大的动力，也可以成为今后实施具体计划的指南。

一个合理的学习目标，会对学习内容、学习方式的选择，以及最终的学习效果产生极大的影响。比如：一个不爱说话、不善表现、胆小、体弱的孩子，如果把学习目标确定为在语言上与别的孩子一较高低，这样的目标不仅会劳而无功，还会伤害孩子的学习积极性。所以，尽可能地确定合理的学习目标，让目标成为前进的动力和方向，能够很好地促进学生的学习兴趣和积极性，并能够把学习过程具体化和简单化，有利于学生把握自己学习的脉络和轨迹，提高学习效率。

如何才能确定合理的学习目标，需要了解自身的能力，还要明确各门功课学习的时间和总任务，这样才能二者结合起来，相互协调，找到比较好的结合点，从而确定合理的学习目标和相应的计划。

1. 从实际出发确定学习目标

从实际出发包括两方面内涵：

一是从自身实际出发，既知己所长，也知己所短。由于人们所处的生活环境、学习条件和自身素质不同，确立学习目标时，应尽量对自己现有的实际情况有一个比较科学的预测和估计，把目标建立在切实可行的基础上，否则，定得过低，轻易就能达到，会丧失目标的激励作用，定得过高，对自我期望过高，长期难以实现，会打击自信，令人产生挫败感，或者无法产生目标的激励作用和方向指引作用。这样的目标就失去了意义。

二是从所要学习的内容和任务的难易程度出发，内容繁多、难度大，要把目标进一步细化和简单化，注重点滴积累和基础，而简单易学的内容，就可以把学习目标定得高一些，精益求精一些，有利于对所学知识的深入掌握。

2. 渐进式目标最具有激励性

大教育家夸美纽斯曾这样说过：“一切功课都应该仔细分成阶段，务使先学的能为后学的开辟道路，指示途径。”可见，分阶段、渐进式，是确定合理学习目标的最基本的原则。俄国伟大作家托尔斯泰说过：“要有生活目标，一个月的目标，一个星期的目标，一天的目标，一个小时的目标，一分钟的目标，还得为大目标牺牲小目标。”要达到目标，就像上楼一样，不用梯子，从一楼到十楼，是绝对蹦不上去的，蹦得越高只会摔得越狠，必须是一步一个台阶地走上去。把目标分为近期目标、中期目标、长远目标，形成一个步步向上的阶梯，然后按部就班做下去，这是实现最终长远目标唯一的智慧的选择。

3. 衡量目标是否合理的标准是目标的可测性

某一目标确定了，是否完成，完成得怎么样，应一目了然，这样的目标才具有可操作性和激励作用，否则，目标的完成情况无从了解，也就没有反馈作用，这样，也就无法调整和确定下一时期的学习目标，显然，这样的目标是不合理、不科学的。

如果在确立学习目标时，化繁为简，言简意赅，各项指标应是可测的。要尽可能地量化学习内容和任务，这样便于实施，也便于检查学习效果。比如规定某科学习成绩要达到的分数段；掌握外语单词的数量。“提高某科成绩”“能力有所提高”等这样模糊的字眼，是不能够作为学习目标的。

还可以把目标写出来，不仅使目标更明确，而且能够起到时刻提醒自己的作用，更是一种鞭策和约束。把自己的目标清晰、精练地表达出来，牢记于心，在怠惰的时候，在忘乎所以的时候，在潜意识之中，它能够起到“警示”作用，如周末看电视看得不亦乐乎，有明确学习目标的人，内心之中会有一个声音提醒“今天要背的10个单词还没背会呢”，这就能够很好地约束自己的行为，及时把注意力转移到学习中来。

4. 最有可能实现的目标才是最合理的目标

贝纳尔是法国著名的作家，一生创作了大量的小说和剧本，在法国影剧史上占有特别的地位。有一次，法国一家报纸进行了一次有奖智力竞赛，其中有这样一个题目：如果法国最大的博物馆卢浮宫失火了，情况只允许抢救出一幅画，你会抢哪一幅？结果在该报收到的成千上万回答中，贝纳尔以最佳答案获得该题的奖金。他的回答是："我抢离出口最近的那幅画。"

成功的最佳目标不是最有价值的那个，而是最有可能实现的那个。学习目标更是如此，只有一个又一个具有实现的可能性的目标累积在一起，才有可能实现阶段性目标，最终达到自己的终极目标。

所以，学生在确定自己的学习目标的时候，必须思考的问题是：所定的目标能否按时完成。当发现某个目标实现的概率很小时，就应该毫不犹豫地放弃。有些天性要强的同学，总想在各方面都比别人强，我们知道，实际上这是不可能做到的。如果非要做到不可，就等于是给自己设置了一个永远也无法实现的目标，注定要生活在挫折与失败的困扰之中。那么，我们可以重新发掘自己的长处所在，并扬长避短，以某一方面的不断进步作为新的目标，并不懈努力，实现这个目标的同时也就彰显了自己的个性。

三、掌握科学的学习方法

如何学习才更有效率，这就涉及学习方法的问题。每一位经历过学习过程的人都会有这样一个体会：学习必须要有方法，尤其是方法要适合自己。

因此，我们在研究和探讨如何提高学习效率的时候，对学习方法的研究是第一位的，掌握了好的、适合自己的方法，就能够事半功倍，化繁为简。

学习方法因人而异、因学科而异，并且和个体的个性特点、知识基础、能力水平等密切相关。但是，也有规律可循，科学的学习方法包括三个重要方面：

1. 课本为中心，注重基础

万丈高楼平地起，打好基础是第一位的，所以要想学习好，掌握好基础知识尤为重要。对于在校学生来说，基础知识一般就是指课本知识，这一点必须明确。

我们发现，有一部分学生，平时花了很多工夫学习，但考试成绩并不理想，这部分学生在思想上存在一个误区：不重视课本的阅读理解，喜欢多做题，认为考试也不考课本里的内容，多做题就能够提高考试成绩，以为考试就是做题。实际上这是一种本末倒置的做法。科学的认识是：课本与习题都重要，但是互相不能替代，课本知识是本，做题的目的是更好地掌握基础知识。所以，我们要把学习课本知识放在首位，弄懂、弄透书本知识，再去做题，这样才更有利于提高我们的学习效率。

2. 自主学习，多思考，注重理解

“学而不思则罔”，思考是学习的灵魂。只学不思考，留下的印象不深刻，知识掌握不牢固，也难以建立起前后知识的联系，缺乏系统性。学习知识重在理解，而理解只能通过思考才能实现。怎样才能促进我们多思考、加深对知识的理解呢？那就是多提问题、多解决问题。在学习中不要轻易放过任何问题，有了问题也不要急于问人、依赖别人来帮助自己解决问题，应力求独力思考，自己动手动脑去寻找问题的正确答案，这样才有利于思考能力的提高。现在，学生中普遍存在一种依赖心理：依赖同学和老师帮助自己解决问题，依赖补习班来提高自己的成绩等，当然，其中有社会原因。但是，作为学生，养成良好的自主学习和思考的习惯，是能够受益终生的，我们每一位同学更应该在这方面做出努力。

当然，“思而不学则殆”，学与思相辅相成，提出很多问题，但不去积极探索和寻求问题的答案，只会使问题越积越多，最终失去学习的兴趣，或者感觉学习没有成效，问题难以解决，丧失自信。

3. 多重复，注重及时复习

“学而时习之”，道尽了学习方法的第一要义。重复、及时复习，非常重要。

研究发现，大脑中有一部位叫做海马（名字来源于这个部位的弯曲形状近似海马），海马体主要负责学习和记忆，日常生活中的短期记忆都储存在海马体中，如果一个记忆片段，比如一个电话号码在短时间内被重复提到的话，海马体就会将其转存入大脑皮层，成为永久记忆。存入海马体的信息如果一段时间没有被使用的话，就会被自行“删除”，也就是被忘掉了。而存入大脑皮层的信息也并不是永久不忘，当长时间不使用该信息的话，大脑皮层也会把这个信息给“删除”掉。可见，多重复，及时复习，才能够巩固以前学过的知识。知识的学习与能力的提高就是在这种不断的重复中得到升华，即所谓的温故而知新。

以上三点可以作为原则，无论学哪一科目，都需要坚持这三个原则。

除此之外，我们推荐一些具体的、基本的学习方法，供同学结合自己的实际情况，参照选用。

1. 安排好时间，做个时间表

关键是做好时间表后，能够严格按照时间表去完成学习任务。如果不能执行，那么计划和时间表就形同虚设。

2. 高效率的课堂学习

但凡学习成绩突出的学生，最大的特点就是能够利用好课堂时间，及时消化课堂内容。所以，怎样提高课堂效率，是值得我们认真探讨的一个问题。

无论是文科还是理科，提高课堂听课效率的最有效、最基础的方法就是“做笔记”。笔记要提纲挈领。

怎样做笔记？笔记上都记什么？

（1）跟随老师上课的思路记；

（2）必须记的内容有：公式的适用范围、使用时的注意事项、整理归纳的要点、老师指出的特别容易混淆和出错的内容等；

（3）对典型例题，必须先听分析讲解，记下方法，不能因为记笔记而影响听课，否则，适得其反；

（4）借用同学的笔记查缺补漏，尤其要借鉴别人的方法和笔记内容；

（5）必须做阶段性总结。

这样的笔记才能够作为平时学习和复习时的“第二课本”，因为笔记上的内容都是经过自己思考、总结的，是对课本内容的再提炼的结果，所以，好的笔记是爱学习的人的财富。

3. 科学复习

（1）复习时仍然要以课本为“本”，在理解基础上，把知识进行系统归纳，使所要记忆的内容纳入知识的体系之中，构建好知识体系，如果能做到这一点，就等于把自己的学习能力提高到了一个新的层次。如果只是简单地翻翻书，看看书上的公式，复习效果不会显著。

（2）要会整理试卷和笔记，了解自己哪些知识掌握得不牢固，哪些题型还不熟练等，有针对性、有选择地复习。

（3）做一定数量的练习题。不完成一定数量的习题，是难以达到消化和掌握知识的目的的。而且平时就要注意锻炼自己的做题速度。以相当一部分同学平时作业完成得好，过程清楚、正确率高，但是一到考试成绩就不理想。其中的重要原因之一，恐怕就是平时学习和做作业时，时间比较自由和宽裕，完成作业时从从容容，而考试是有时间限制的，忙中思路就容易乱，错误和疏忽就不可避免地出现了。因此，同学们平时复习、练习的时候就要注意速度，有意识地训练自己思维、表达和运算的敏捷性。

（4）注意用脑规律。在内容上，要文理交替。要想提高学习的效率，在学习内容的安排上要注意文理交替。内容相近的科目最好不要集中在一起复习，把文科和理科交错安排。为什么要这样做呢？一是学习内容相近，大脑皮层工作的部位也比较相近，长时间使用同一部位，造成局部脑细胞内物质的消耗大，因而产生疲劳。而且长时间学习内容相近的学科，造成学习上的单调刺激，容易使人发困，效果不好。二是由于把相近的科目和同类的材料放在一起学习，使大脑中的神经联系也比较接近，产生重叠、交错，因而引起回忆时的混淆和差错。因此，我们在安排学习内容时，注意文理交替，以减少相互干扰，又可使大脑皮层工作的部位获得交替的休息。例如，学完语文看物理，做完数学看政治、历史等等。

同时要注意用脑卫生，要保证充足的睡眠，并注意饮食和营养，使大脑获得充分的休息和养分，才能够更好地激发脑细胞的活力，保持思维活跃、思路清晰，学习效率也会有所提高。但是，无论哪种方法，都必须要有坚强的毅力作为保障，坚韧不拔、持之以恒，才能够全身心投入到某项任务中去，并很好地完成它，学习也是一样。

四、养成良好的学习习惯

1978 年，75 位诺贝尔奖获得者在巴黎聚会。有人问其中一位：“你在哪所大学、哪所实验室里学到了你认为最重要的东西呢?”出人意料，这位白发苍苍的学者回答说：“是在幼儿园。”对方又问：“在幼儿园里学到了什么呢?”学者答：“把自己的东西分一半给小伙伴们；不是自己的东西不要拿；东西要放整齐，饭前要洗手，午饭后要休息；做了错事要表示歉意；学习要多思考，要仔细观察大自然。从根本上说，我学到的全部东西就是这些。”这位学者的回答，代表了与会科学家的普遍看法。把科学家们的普遍看法概括起来，就是他们认为终生所学到的最主要的东西，即幼儿园老师给他们培养的良好习惯。

习惯是行为的自动化，不需要特别的意志努力，不需要别人的监控，在什么情况下就按什么规则去行动。习惯一旦养成，就会成为支配人生的一种力量。世界上最可怕的力量是习惯，世界上最宝贵的财富是好的习惯。一个班级，一个企业，一个国家，一个民族是如此，对于人的一生，更是如此。生而为人，每个人都需要踏踏实实地做人，而良好的做人习惯正是帮助我们构建成功人生所必需的。

好习惯是一个人终身的财富。习惯是一个人的资本，你有了好习惯，你一辈子都有用不完的利息，你有了坏习惯，你一辈子有偿还不了的债务。管得住自己，你是习惯的主人，管不住自己，你是习惯的奴隶，做主人还是做奴隶；全在于自己的选择。行为养成习惯，习惯形成性格，性格决定命运。学习不是一件容易的事，它兼有快乐和苦痛。学习需要用好的习惯来使其更加科学有效。

可见，养成良好的习惯有多么重要！

那么，什么是学习习惯？学习习惯，就是在不间断的学习实践中养成的那种自自然然表现出来的学习上的习性。学习习惯一旦养成，它便会以情不自禁、不期而至的方式持续下来，犹如物理学中的惯性力量。“良好的学习习惯是一种自觉的学习行为，因而能提高学习效率”

1. 良好的学习习惯

（1）主动学习的习惯

指的是在别人不督促的情况下，能主动学习，一学习就要求自己立刻进入状态，力求高效率地利用每一分钟学习时间。有意识地集中自己的注意力用于学习，并能坚持始终。

（2）及时完成规定的学习任务的习惯

指的是在规定的时间完成规定的学习任务。把每个规定的学习时间分成若干时间段，根据学习内容，为每个时间段规定具体的学习任务，并要求自己必须在一个时间段内完成一个具体的学习任务。这样做，可以减少乃至避免学习时走神或注意力涣散的情况，有效地提高学习效率。还可以在完成每个具体学习任务后，产生一种成功的喜悦，使自己愉快地投入到下一时间段的学习中去。

（3）各学科全面发展、不偏科的习惯

现代社会迫切需要的是发展全面的复合型人才，所以要求中学生要全面发展，不能偏科。这就要求中学生对自己不喜欢的学科更要努力学习，在学习中不断提高兴趣。对不喜欢的学科或基础比较薄弱的学科，可以适当降低标准，根据自己的实际情况，确立经过努力完全可以实现的初期目标、中期目标、远期目标，然后要求自己去完成。这是克服偏科现象的有效方法。

（4）预习的习惯

课前预习可以提高课上学习效率，有助于培养自学能力。预习时应对要学的内容，认真研读，理解并应用预习提示、查阅工具书或有关资料进行学习，对有关问题加以认真思考，把不懂的问题做好标记，以便课上有重点地去听、去学、去练。

（5）定计划的习惯

凡事预则立，不预则废。后进生毛病都出在计划性不强，让人家推着走，而优秀的学生长处就在于明白自己想要干什么。

（6）整理错题集的习惯

每次考试之后，90 多分的、50 多分的、30 多分的学生，如何整理错题？找到可以接受的类型题、同等程度的知识点研究一下提高的办法。整理错题集是很多学生公认的好习惯。

（7）筛选资料、总结的习惯

学生要会根据自己实际，选择学习资料。

2. 不良的学习习惯

对于现代的学生，身上存在着各种各样的不良习惯，简要罗列几种：

（1）学生自己学习的时间不固定，作息时间没有规律，这种现象表现在假期和周日时间，以及自己的业余时间里。

（2）上课前不会预习，上课时精神不集中，听课时思想“开小差”，不懂不会也不问。

（3）做作业时不是先复习后做作业，而是碰到问题就打电话问同学，或者干脆拿同学的作业本来抄。即使知道看书，也是马马虎虎，走马观花一样不去细心钻研；做好作业不会自己检查，写完了事。

（4）测试卷子发下后只关心分数，不会分析失误的原因，只怪罪于粗心大意，没有看清题目。

（5）平时不会作系统性的复习，考前开夜车。对所学知识不求甚解。

6. 遇到困难便灰心丧气、自暴自弃。

7. 对于老师提供的有建设性的学习方法不去试验着做，而自己又不去总结学习方法。所以终究形不成自己的有效的学习方法。

明确了养成良好的学习习惯的意义，并了解哪些学习习惯是好习惯、哪些学习习惯是不良习惯以后，就应该自觉地培养好习惯，改掉坏习惯，让好习惯伴随终生，让坏习惯尽快与你告别。培养学生形成良好的学习习惯，有助于学生今后学习能力的提高。

3. 养成良好的学习习惯

（1）循序渐进

良好的学习习惯既非一朝一夕养成，也不能在短时间内一下子统统形成，要有耐心地付诸行动。在区分主次、难易之后，从实际出发，逐步提出具体的切实可行的要求，有计划地逐步扩展，然后按部就班地贯彻落实自己的计划，久而久之，便习惯成自然了。

要养成良好的学习习惯，关键是说到做到，坚定不移。计划每天要记10个英语单词，就一天不落地去记；认识到写字潦草、做题马虎这些毛病，就在写字、做题时严加注意，确保字字工整，题题复查；意识到了不良学习习惯的危害，就自动自觉地克服；制订了学习计划，就定时定量地去完成；决心使自己的学习成绩在全班、全校的位次前移，就要千方百计地挖掘自己学习的潜能。

（2）自我控制

在培养学习习惯的初期，在自制力还不够的情况下，应该控制自己的活动时间和空间，以达到约束自己行为的目的。因为人的行为本身，很大程度上受情景因素的影响。如果发现自己实在很难抵制某些活动的诱惑，可以请求父母或老师、同学帮忙，让他们约束自己的活动时间和活动方式。

人的行为，很大程度上受情景因素的影响。比如，一个中小学生，已经认识到打游戏机的副作用了，不想再打游戏机了，可是，一走近游戏厅就忘乎所以，把握不住自己了。因此，在习惯形成的过程中，在自己的自制力还不十分强的情况下，应从控制自己的活动时间和活动空间入手来约束自己的行为。在时间上，从早上起床一直到晚上就寝，都安排满有意义的学习内容和活动内容，不让一日虚度，不让一时空耗。在空间上，严格控制自己的活动范围，歌厅、舞厅、游戏厅、录像厅、台球室等游乐场所，无论自己多么好奇，无论别人怎么引诱，也不要去。

（3）及时调整

中小学生多数自制力比较差，在好习惯形成的过程中，或者在克服坏习惯过程中，容易出现反复、拖拉、敷衍、放任等现象。这就要求要严格监督自己，对自己易犯的错误时时警惕，及时发现偏差，及时做出调整。比如，发现自己的字写得不规整了，发现上课时自己精神溜号了，发现自己没有执行或没有完成学习计划了，发现自己躺着看书、看电视了，发现自己走路或骑自行车时思考问题了……立即做出调整。培养习惯，就像走路一样，发现走的路线不对，及时调整到对的轨道上去，久而久之，一条小路便踩出来了。

（4）不断巩固

习惯成自然。在习惯初步形成，逐渐进入顺其自然状态后，就没有必要再强制自己了。但还要注意不断巩固，不断强化，及时消除外部干扰和内部故障。外部干扰主要是那些可能使你偏离甚至脱离轨道的引力，内部故障主要是受挫折时情绪不佳而放纵自己。对付干扰有一种有效的办法，就是改变环境，转移注意力。当你的生活圈内有人向你施加不良引力时，你可以寻找理由暂时跳出这个圈子，消除不良引力，努力去做自己应该做的事情。当你产生忧郁、悔恨、愤怒、迷恋、惋惜、忧伤等情绪波动时，可以通过做具体的事情来转移注意力。

（5）一心向学

一心向学的习惯一旦养成，不管是在学习过程中还是在日常生活中，就会有意无意地把万事万物与自身学习的知识联系起来。

一心向学的人善于利用时间，他们能够见缝插针，巧妙地利用时间，从而为己所用，如当一堂课结束休息时，有些人会在休息之前尝试回忆刚刚课堂上老师讲的重要内容；有人利用等人、候车的时间尝试记忆英语单词等等。

一心向学的人善于积累知识。他们在日常生活中，都能下意识地把注意力转移到与学习相关的东西上去，直接或间接地达到学习的效果。比如看电视，多倾向于看与信息、时事相关的节目，如“三星智力快车”、“开心词典”、“挑战主持人”、“人与自然”、“今日说法”等栏目。

（6）尊重与欣赏老师

亲其师，信其道。一个学生同时面对的各学科教师，长短不齐，在所难免。所以学生要尊重老师，适应老师，并学会欣赏自己的老师。不同层次的老师，学生用不同的方式去适应，与老师共同进步。现在适应老师，有助于其长大了适应社会，不会稍不如意就埋怨环境。

同学们，好的学习效果、好的学习成绩从培养良好行为习惯开始，这几乎是一个人人皆知的道理，希望同学们尽快养成好的学习、生活习惯。诺贝尔奖获得者、智利诗人米斯特拉尔说过：“许多需要的东西我们可以等待，但是学生不能等，他的骨骼正在形成，血液正在生成，心智正在发育，对学生我们不能说明天——他的名字是今天！”

习惯是一种惯量，也是一种能量的储蓄，养成良好学习习惯的人，要比那种没有养成良好习惯的人以及养成不良学习习惯的人具有较大的潜在能量。那么，让我们从今天做起，从现在做起，从小事情做起，在生活和学习中培养自己一个又一个好习惯，让好习惯伴随我们终身，成为我们走向成功、走向辉煌的一个又一个五彩的阶梯！

五、科学对待考试

很多同学面对考试都感到很紧张。一些基础差一点儿的同学，更是变得寝食难安，他们担心自己成绩不好会遭到老师和家长批评、同学的嘲笑，于是整天闷闷不乐、提心吊胆。所以经常有同学说："考、考、考，老师的法宝；分、分、分，学生的命根。"为了了解学生究竟是如何看待考试的，某校曾经做过一个调查，从调查结果看：

22%的学生对考出好成绩很有信心。他们认为自己非常努力地学习，对各科知识掌握得很透彻牢固，平时的成绩有足够水平，老师和家长也都很努力地帮助他们，有志者事竟成。另外，考试的格式固定，题型固定，题目基本上是反复练习过的。这部分学生对自己充满自信，感到前途一片光明灿烂。

44%的学生对考出好成绩有一定信心。但他们感到压力很大。他们对考试中会出现的各种问题有一定的估计，心理素质很高。他们认为，要考出好成绩，必须占据天时、地利、人和三个条件。好成绩 = 10%的勤劳 + 40%的良好状态 + 50%的运气。他们认为，临场发挥很重要，考试题的陷阱不少，有很多不可预料的因素存在，如果不在状态就比较惨。考试有必然也有偶然，不能给自己太多肯定，否则会轻浮和骄傲，导致成绩不佳。

34%的学生对考出好成绩没有信心。原因包括有：（1）对自己的知识水平估计不准，缺乏自信。（2）认为自己考前准备不足。（3）偶然因素。人有失手，马有失蹄。（4）精神状态不佳，紧张，压力大。

学生对考试有各种看法，是因为考试会带来的一系列后果。考试后往往都要排名次，老师要讲评卷子，成绩不断下滑、名次靠后的同学往往很难找到感觉，老师的批评、家长的责备、同学的轻视以及自信的危机。由于这些原因，种种的不安与紧张随之而来。以至于有的同学厌烦考试，视考试为敌，甚至有的同学提出最好取消考试。

而实际上考试不可能取消，考试不仅是学习不可或缺的一个环节，而且也是一种社会的必然。不仅在学校里要考试，升学要考试，将来踏入社会，必定还有更多的考试在等待着你。最好的办法还是要正确面对考试，适应考试，利用考试。

1. 清除考试认识上的误区

误区一：认为考试说明了自己的成功或者失败。

如果真是这样的话，那么，每次考试的考生大多数都是失败者。因为每次考试，只会有少数人得到较为理想的名次和分数。其实，平时的考试中无所谓失败与成功，考试的目的不在评价，而在于检测。

100 分的卷子，你喜欢考多少分？如果你的回答是“100 分”。那是错误的。为什么呢？

100 分的考卷对你来说有什么用呢？只能说明这张考卷上的

题目你都会做了，并不能说明你学过的知识什么都会了，也不能说明应该掌握的内容你都掌握了，而这张卷子却没有帮助你找出你还存在的问题，所以说，它是毫无价值的。

如果是80分的卷子，最起码说明这张卷子给你找出了20分的问题，你可以通过这张卷子补上这20分的问题。

考试就是为了帮助你找出学习上的问题。

误区二：认为考试展示了自己知识和能力的多少。

考试的目的仅仅在于检测这张卷子所涉及的内容，而且只是“过去时”，出现的问题完全可以马上弥补。每一次考试都不可能完全涵盖你学过的知识，也就不可能考查你全部的知识和能力。何况每次的考试的内容和标准本身并不全面和完善。

再说，最终的中、高考也不是以你这些考试分数为准，而是以你不断补正以后的情况为准。可以说，频繁的考试给你提供了一个不断发现自己的问题并督促你改正问题的机会，不是为难你，而是提示你，你能接受这些提示，你就会不断地解决自己的问题，不断提高自己的学习水平。考试本身就是学习的一个部分。

误区三：考试预示了自己将来的升学分数。

如果只是以你现在的考试分数来决定你是否能够上理想的学校，我想你一定会不服气的，因为现在考出来的问题你能够马上改正，并且你还有很多时间和机会，可以改正这些问题，还可以学更多的东西。

考试只能检测你前面的学习情况，不能说明以后任何问题。考试可能对你将来应该怎么做怎么学有提示的作用，关键看你现在如何分析、归因和处理。并不见得你现在比同学差一点，将来就一定不如他们，只要你能纠正了自身的问题。这就需要你好好利用考试，这也正是考试要发挥的作用。

2. 考试的真正意义

（1）考试只是检测，是为了找出自己学习中的问题、知识，不能过于看重考试结果。

（2）考试能够给你启发，提示你以后应该如何学习，其实考试也是学习。

（3）每个人都可以从考试中得到好处。

总的来说，考试就像大夫给每个人开出的病历和药方，关键就看你如何对待和处理。

3. 如何正确看待考试

首先要明确，考试就是一次知识的检验。要把考试看作检验自身的一次机会，而不要看作对自己的审判，重要的是从考试中汲取教训，学生需要考试，就像人需要体检一样，体检可以帮助了解自己的健康状况怎么样，身体各个方面都很好，我们可以继续保持，哪个方面有毛病，我们可以对症下药。考试可以帮助学生检验所学知识是否牢固，查漏补缺。对“症”下药才是考试的意义。

考试是对你近一段时间学习成果的检验，是发现问题的必要过程。学习的最后成果是要通过考试来证明自己、检验自己。不必过于看重一次考试，但也不能轻视它。考好了，当然是好事，因为你努力了、付出了；考差了，应该找出失败的原因，并加以认真分析，汲取教训。从某种意义上讲，失败也未尝不是一件好事，因为它能让我们更加清醒地认识自己，所以，希望同学们从现在开始，行动上做好准备。考试既然躲不掉，那么就潇洒一点，坦然面对，认真对待。

我们不为追求每个结局的圆满，但是我们要尽量做到无怨无悔，至少要对得住自己，对得住在学校所花的时间。

考试并不会随着毕业而结束。社会生活同样也是考试，不同的是，学校考试是分数的高低，而社会考试则是能力的高低。能力是社会地位与社会交际的体现。只有在学校奠定好基础，才能适应社会，不会被淘汰，而考试就是对基础的检测。

4. 应对考试的方法

考试前的准备工作是非常重要的。有很多同学会在考场上出现紧张的状况。会出现这样的状况关键是同学们没有做好充足的准备，缺乏十足的自信心。

考试时要放松，由于种种原因，我们可能会惧怕考试，但是我们应该有正确的心态去迎接考试，去看待考试，应对考试方法有：

(1) 在考试前几天认真复习，但考试期间最好不要再复习了，以免看见自己不会的知识点而感到没复习完，那样就会紧张，考试时不容易放松。

（2）学会放松小窍门，考试紧张时把笔放下，做一下深呼吸，调整一下，以舒服的姿势坐好，保持身体两边的平衡；用鼻子深深地、慢慢地吸气，再用嘴巴慢慢地吐出来；想像身体各部位的放松，放松的顺序为：脚、双腿、背部、颈、手心。

（3）遇到不会的题或一下想不起来时，一定要暂时跳过去，以免影响其他题目的回答，因为一直想一个题，会降低记忆力，而使下面的题答得乱，而影响整体成绩。

希望大家能以平和的心态去面对考试，用每一次考试作为对自己实力的考验。若考得不理想，正说明在学习中有“毛病”，找出来，对“症”下药。这样考试才具有了它真正的意义。

六、克服学习心理障碍

中学阶段基本上与人的青春期重合，在生理和心理上都发生着天翻地覆的变化，是人生发展的最重要的关键期。孩子们的智力、体力、道德意识等方面在迅猛发展中，世界观、人生观、价值观正在逐步形成，内外冲突不断加剧，使得青春期的孩子情绪不稳、逆反心理、好奇心和求知欲极强、挣脱束缚想要独立、自我管理能力差、易受外界影响等，这些心理特点决定了这一时期的孩子难管、自控力差、易发生多种心理问题和障碍，尤其在学习过程中易出现学习心理障碍，如果不能得到老师、家长的关注和支持，将会对学生的健康成长产生不良影响。因此，我们必须对中学阶段的孩子多加关注，协助孩子克服学习心理障碍，顺利度过青春期，为他们未来的人生发展打下良好的知识和心理基础。

中学生学习心理障碍是指在学习过程中心理活动受阻，心理调节和适应机制不良，从而导致不健康的心理表现和行为倾向。

造成中学生学习心理障碍的原因有：学生在学习活动中遇到一些挫折，学习目标达不到，学习成绩差，多种心理需要得不到满足（如渴望被关注的心理、好胜心理、被尊重的心理、需要得到肯定却总是被否定等），遇到困难又寻求不到合适的办法加以解决，遭受挫折后得不到情感上的支持，社会、学校和家庭普遍存在的对人的片面评价（重成绩不重德行、学习好就是好学生，学习不好就一无是处等）。这些原因导致产生的不同反应，就形成了不同的学习心理障碍。

1. 几种典型的学习心理障碍

（1）焦虑

焦虑产生的原因很多。对环境的不适应和对学习内容和形式的不适应会导致焦虑。这往往发生在初一或高一的新生身上。新的环境中学习和生活都会发生较大的变化，尤其是学习内容与难度、教师的教学方法和竞争对手都发生了变化，很大一部分学生会感到不适应，导致学习成绩明显下降，如果屡遭失败，又不能尽快找到解决的办法，就会对不愉快的情景增加敏感性，从而产生焦虑异常心理。

表现在：想看书，又看不下去，想休息，又安不下心。因为学习成绩差而担忧，怕看到家长、老师失望的目光。离考试越近，心里越恐慌，学习刻苦，把所有时间都花在学习上，但效率不高，成绩得不到提升，甚至不断下降，心理压力越来越大。如果不能得到及时的调节和开导，久而久之，焦虑、紧张、无助、迷茫和恐惧心理就会占据孩子的内心，造成学生对学习丧失兴趣，学习效率极低，失去自信，甚至否定自我、厌学。

（2）自卑

自卑心理是指学生由于各种原因对自己的气质性格、智力、能力的估计和自我评价过低带来的消极暗示所产生的心理感受。

又称自我否定意识。在学习上表现为信心不足，自以为事事不如人，情绪低落。其实，有自卑心理的学生，自尊心和成功的愿望更强烈，但是他们的挫折耐受力差，情绪波动大，对事对物缺乏客观恰当的评价体系，内归因倾向等，导致他们经受不起失败的打击，惧怕被否定和忽视，以致严重影响自己的学习和生活。

（3）依赖心理

学习缺乏主动性、不愿意动脑独立思考、要掌握的知识和要解决的问题习惯依赖老师的讲解、灌输，离开老师就失去了方向，在学习上往往表现出随波逐流，学一点是一点，过一天算一天，课余时间很难自主学习和完成作业，需要家长和老师催着赶着、督促甚至强制其学习，学习效率低下，不思进取。

（4）厌学

厌学是指内心厌恶学习的倾向和逃避学习的行为。表现为把学习当成负担，不能专心致志听课，心里总是想着玩，或者自己也意识不到自己到底在想什么，没有主动学习的习惯。

缺乏正确的学习动机、坚韧不拔的意志、持之以恒的毅力以及良好的学习方法的学生都会有不同程度的厌学倾向。有的学生在学习上屡遭失败，对所学的学科缺乏兴趣；有的学生易受外界的各种干扰（如电视、网络），自我调控能力差，注意力难以集中；有的学生因为应付各科学习和作业太多太累而导致失去了学习兴趣；有的学生虽很努力，但看到或听到别人考试作弊时，心里觉得不平衡，认为“认真学习也没用，不如投机取巧有成效，不想再学了。”

学生一旦对学习失去了兴趣，学习就会成为沉重负担。轻度厌学的学生学习被动，注意力涣散，记忆力下降，没有时间紧迫感，对学习不当一回事，逃避学习。极其厌学的学生甚至发展到恨书、恨老师、旷课逃学的程度。

（5）学习方法和习惯不良

科学的学习方法和良好的学习习惯蕴藏着巨大的学习潜能。有研究表明：当努力不到位时，学习成绩不会好；当学习压力过重以至焦虑时，还会产生超限抑制，学习成绩也会下降。心理学家指出，努力加方法，是提高成绩的最佳途径，所以学习者应努力探讨有效的学习方法，如阅读、记忆、听课、应试、调节需要（欲望）、节约时间的方法等。

现在的学生多是独生子女，生活习惯、学习习惯不良，如起居不定时、衣来伸手饭来张口、没有时间观念（既不懂得珍惜时间，也不会自主安排时间）等，在学习过程中抱无所谓的态度，缺乏刻苦精神、马虎、写字潦草，不听劝告与批评、自以为是等。这些不良的方法和习惯，长久下来，就成为学生学习过程中难以逾越的障碍。我们知道，21 天的重复就能养成一个习惯，但是，习惯一旦养成，要改变就会很难，如果错过了最佳的教育时机，有些习惯甚至是难以逆转的。所以，我们看到，许多学生，他们不会学习，也不想学习，他们明知许多事不能做、不该做，但是没有自控力，或者轻易就受他人和外界的影响和左右。这些都成为学业不良的主要原因。

（6）偏科

对某门学科不感兴趣、不爱学、不愿学，甚至因为不喜欢某一科目的老师而抵触学习这一科目。这样的问题在学生中间并不少见。还有一部分学生，完全从兴趣出发，从自己的内心感受出发，对学习的重要性不能客观和理性地认识，毫无学习动力，表现在行为上就是以各种自觉或不自觉的行为对学习或某些科目加以抵触，如不喜欢某个老师，就在他的课堂上说话、打闹、看其他书籍（其他科目的课本或者课外书、小说等），还有的学生干脆和老师对着干，有的学生不愿意上某课，就逃课去玩或者上网等。

（7）青春期困扰

主要是性的萌动、好奇，对异性的好感、爱慕导致的情绪不稳定，恋爱中的问题不会处理或处理不当，尤其中学生心理不成熟，难以理智对待情感问题，受控于情绪，遇到问题不顾后果，不惜代价，导致冲突、暴力事件等，这些对学习的负面影响非常大。

以上我们谈到的这些学习障碍问题，在不同的学生身上会有不同的表现，也可能呈现出相互交叉的现象。

其实，中学生学习心理的发展还是有规律可循的，从学习稍有困扰到失调，再到形成心理障碍是一个发展过程，如果能够及时关注、仔细分析、恰当对待，并采取适当的形式进行调节、辅导，是能够得到有效缓解和调整的。

2. 缓解和调整学习心理障碍的策略

（1）良好的班风和学风能有效减少和缓解学习心理障碍

良好的班级心理氛围和学习风气，对班级内部的每一位同学都能够起到约束、激励、影响的作用。良好的班级环境包括两部分，一是窗明几净的教室，班级文化建设以积极、奋进、向上为主题，班级成员自觉热爱和维护班级各项设施；二是班级同学之间相互帮助、互相扶持，同时又能够良性竞争、你追我赶、力争上游，这样的学习环境和学习气氛，能够有效地减少厌学、依赖、自卑等心理，克服个别学生不良的学习方法和学习习惯。

在这个过程中，班主任是核心，是灵魂，建立同学间相互支持、相互合作、共同进步的氛围，是班主任不可推卸、也是任何其他人难以替代的责任，或者说，是班主任工作职责中最为重要的一项。优秀的班主任善于创造一种和谐、奋进的班级学习氛围，使学生处于积极向上的影响之中，有利于学生心理的健康发展，促进学生心理素质的提高。

（2）加强意志品质和抗挫折能力的培养

中学生喜欢做“白日梦”，喜欢幻想自己的理想实现后的美好情景，但对可能出现的困难和挫折缺乏足够的心理准备。很大一部分学生缺乏坚强的意志品质和抗挫折能力，得意时沾沾自喜，自以为是，高估自己的能力，一旦出现停滞、退步，或者困难和打击，就难以接受，可能会转向另一个极端：意识范围变得狭窄，冲动下很难冷静分析问题，不经思考采取简单过激的手段解决问题，或者就是消极地忍受挫折，压抑情绪情感，接受教训，一味消沉，逃避、退缩，自暴自弃，失去进取的信心，进而产生各种形式的学习心理障碍。

我们说，对待挫折的合理方式是，认识到“有成功就会有失败，有失败才会有成功”，把挫折当成是一件平常事，情绪低落，内心痛苦，都是人在遭受挫折时的正常心理感受，关键是要积极面对挫折，并寻找解决问题的合适的方法，尽量减低心理压力。最重要的是要思考造成挫折的原因，重新调整自己的认知和目标，以良好的心态、坚持的勇气面对挫折。

培养学生良好的意志品质和抗挫折能力，这需要家庭、学校、学生三方面共同努力，并且是一场“持久战”，要克服一蹴而就和速成的不合理的心理期待，把培养顽强的意志品质和平时的生活、学习紧密结合起来，在生活和学习中不断加以锻炼和强化。只有坚持这样的原则，并且持之以恒，才可能逐渐培养顽强的毅力和应对挫折的勇气和能力。

（3）充分发挥家庭教育的力量

家庭教育的力量是潜移默化的，同时又是起关键和不可替代作用的。因此，家长不断提高自己的文化素质，尤其是学习科学的家庭教育知识和方法，不过分溺爱孩子，对自己的孩子有一个准确的评价和合理的期待，尤其要注意经常与学校、老师保持联系，使父母和老师的联系畅通，使家庭和学校的教育保持一致，

发挥家庭与学校之间和谐统一的教育力量，对孩子是一个极大的外界的辅助和推动。有很多家长，把孩子交给学校，就认为“督促孩子的学习是学校和老师的事了，家长可以轻松地喘口气了”，还有的家长认为“我们家长管不了了，交给学校就行了”，等等。无论何时，家庭是孩子最温暖和安全的港湾，家长是孩子最好的老师，“家庭是制造人类性格的工厂”，所以，为人父母，要尽职尽责，更要尽心。

（4）加强心理训练，掌握和运用科学方法，提高心理承受能力

• 了解情绪的ABC理论，克服消极和非理性的观念和看法

消极和非理性的观念和看法有：

绝对化要求：“我必须考好，否则，我无脸见人”；

过分概括化：“这么简单的事都干不好，我一无是处，”“这个社会一点也不公平，为什么让他成功了，而我没有”；

糟糕至极：“这次考得这样差，我以后肯定都没希望了！”

两极思维：“除非我考第一名，否则就是失败。”

个人化归因：“我真是太笨了，太丢脸了。”“我就是不行，就是干不好。”

我们可以加强心理训练，有计划地创造适宜的挫折情境，帮助他们改变这些不合理的观念和看法，正确对待挫折，在处理失败中学会容忍挫折的技巧，从而克服自卑、焦虑、厌学等学习心理障碍，促进身心健康成长。

- 自信心训练

自信心是可以培养的，通过积极的、长时间的自我心理暗示，同时学会正确评价自己，尤其是要着眼自己的长处，多读书，尽可能把精力投入到某件事情中，当发现自己能够很好地处理一些事情的时候，自信心也就逐渐建立起来，在这个过程中，也能够学会如何用自信来战胜怯懦，从而不断强化信心。

- 强化好的行为，以抑制或抵消消极想法和行为

可以这样做：当自己取得一些进步和成绩的时候，就适当地给予自己一些奖励（也可以请家长、同学或朋友帮忙，及时给予鼓励和奖赏），当出现懈怠时，及时给予提醒和惩罚。我们知道，惩罚能够抑制不良或错误行为，而鼓励和奖赏能够强化积极的情绪体验和正确行为。所以，奖励和惩罚是必要的，但要适当和适度。

总之，学习心理障碍的缓解和克服，不是一朝一夕的事，关键是当学生（或者学生自己）出现了一些学习心理障碍的时候，不要气馁，更不要放弃，用积极的心态和行动去面对，一点一滴去积累和改变，相信会逐渐取得良好的效果，并逐渐提高学习成绩。

第五篇　美丽花季　无悔青春

懵懂的少年，青涩的初恋，成长的烦恼……青春的含义，远远不是一条格言、一首诗抑或一门哲学所能概括。从儿童过渡到青年的青春期，是“人生的第二次诞生”，心理学家称这一时期为“第二次危机”——从精神上脱离父母的心理“断乳”。青春期是少年身心变化最为迅速而明显的时期，此时身心将发生一系列引人注目的变化，从身体、外貌、行为模式、自我意识、交往与情绪特点、人生观等，都脱离了儿童的特征而逐渐成熟起来，更接近成人。这些迅速的变化，会产生困扰、自卑、不安、焦虑等心理问题，甚至产生不良行为。因此，青春期既是一个变化时期，又是一个反抗时期，还是一个负重时期。那么怎样认识和处理好青春期的各种矛盾和问题呢？

一、走进青春期

1. 青春期的阶段划分

青春期是每个人正常发育必经的阶段，但是，就青春期开始的年龄、发育速度、发育程度而言，有很大的个体差异。世界卫生组织（WHO）曾将青春期的年龄范围定为 10～20 岁。国外许多学者把这个长达 10 年的时间划分为青春期的前、中、后期。

青春前期是指女孩月经初潮和男孩首次遗精出现前的生长突增阶段。女孩最早出现乳房发育，骨盆开始变宽，臀部变圆，身高及体重增长速度超过平均数。男孩睾丸、阴茎开始发育，身高、体重也迅速增加。

青春中期又称为性征发育期，指在身高剧增的同时，性器官迅速发育，第二性征出现，即女孩出现月经来潮，男孩出现首次遗精，是进入青春期的标志。

青春后期指性器官臻向成熟，到体格发育基本停止阶段。

还有的学者把青春期分为两大阶段：一是性的萌发期，年龄一般在 11 ~14 岁之间，这正是初中时期；二是性的成熟期，年龄一般在 14 ~18 岁之间，这正是高中时期。无论哪一种划分方式，都说明正处于青春发育时期的中学生，是在生理上蓬勃发展，在心理上急剧变化，身心发展面临关键时刻。青春期是人体迅速生长发育的关键时期，也是继婴儿期后，人生第二个生长发育的高峰期。这一期间，不论男孩或是女孩，在身体内外都发生许多巨大而奇妙的变化。因此，掌握和了解这一时期身体内的变化，对我们顺利渡过青春期来说，无疑是一件十分重要的大事。

2. 青春期学生生理发育的特点

青春期生理发育主要表现在三个方面：

（1）身体外型剧变，即身高迅速增长，体重明显增加。

（2）身体机能渐趋健全，即神经系统伴随脑的发育而不断健全脑的功能，心脏发育非常迅速，至18岁时，心脏重量等于成人的90%，肺活量显著增长，身体对疾病的抵抗能力增强。

（3）男女性征的差异更加显著，即性发育包括性腺、生殖器官、第二性征的发育和功能的齐备。

女孩子这个时期的生理特点是身体及生殖器官发育很快，第二性征形成，开始出现月经。月经初潮是青春期开始的一个重要标志。由于卵巢功能尚不健全，故初潮后月经周期也无一定规律，须经逐步调整才接近正常。

生殖器官的发育：随着卵巢发育与性激素分泌的逐步增加，生殖器各部也有明显的变化，称为第一性征。外生殖器从幼稚型变为成人型，阴阜隆起，大阴唇变肥厚，小阴唇变大且有色素沉着，阴道的长度及宽度增加，阴道粘膜变厚，出现皱襞；子宫增大，尤其子宫体明显增大，使子宫体占子宫全长的2/3；输卵管变粗，弯曲度减少；卵巢增大，皮质内有不同发育阶段的卵泡，使表面稍有不平。

第二性征出现，第二性征是指除生殖器官以外，身体外部发育所特有的征象。此时女孩的音调变高，乳房丰满而隆起，出现腋毛及阴毛，骨盆横径的发育大于前后径的发育，胸、肩部的皮下脂肪更多，显现了女性特有的体态。

如果说月经初潮是女性青春期到来的信号，那么首次遗精就是男性进入青春期的标志。男生到了青春期，睾丸等生殖器官已经发育，不断产生精子和精液。有时精子和精液积存多了，就会自然排出体外。这就叫遗精。因为遗精常常伴随着做梦，所以又叫“梦遗”。首次遗精意味着男性生殖腺走向成熟。

第二性征是发育的外部表现。如男性喉结增大，声音变粗，阴毛和胡子长出。第二性征的发育过程，前后约需 4 年。第二性征的出现，使中学生感到自己已经成为大小伙子和大姑娘，不再是小孩子了，由此增强了成人感和性别角色的体验，个性心理的发展也更加迅速。

总之，青春期在生理方面的发育不是单纯的身体的生长变化，而是从儿童身体到成人身体的一个质变过程。通过这一过程，在生理上确立了男女的分化。

3. 青春期学生心理发展的特点

青春期是大脑的生长发育日趋成熟的时期。结构上的成熟保证了功能作用的发挥。因此，青春期心理活动千变万化，丰富多彩。概括青春期心理发展的特点，大致有以下几个方面：

（1）思维的独立性和批判性显著发展。进入青春期，由于脑和神经系统的发育与成熟，青少年由儿童时期具体的形象思维向抽象的逻辑思维发展，思维的独立性和批判性有了显著发展，从而在学习能力方面有明显的提高，成为智力发展的黄金时期。初中阶段学生的抽象思维开始发展，对一般的问题，能够透过现象进行概括和总结；到了高中阶段，学生的逻辑思维、创造性思维迅速发展，能够从不同的角度、多维地、立体地考虑问题，并且通过综合、分析、推理找出本质和规律；所以，在此阶段的青少年好辩论，喜欢钻牛角尖，打破沙锅问到底，敢于挑战老师和家长，呈现出初生牛犊不怕虎的闯劲；但是，有时由于缺乏交流技巧，容易遭遇挫折。

（2）情绪发展多变。青春期情绪内容广泛，既有对现实生活、学习中的各种情绪体验，又有对未来的憧憬。但是，这些情绪容易波动，带有明显的极端性：时而心花怒放，阳光灿烂，满脸春风；时而愁眉苦脸，阴云密布，痛不欲生，甚至暴跳如雷，或激动兴奋，或烦躁不安，很容易和父母长辈发生冲突。

（3）自我意识形成和迅速发展。所谓自我意识，就是人对于自己以及自己和周围事物关系的一种认识。其中包括自我了解、自我体验、自我评价、自我控制等形式。

进入青春期的青少年，自我意识开始形成。他们不仅体验到自己和家人、老师以及他人各种关系的存在，而且能进一步体验到自己内心世界和心理活动的存在，进入到一个“自我发现”的新时期。在这段时期，青少年的情感由原来对亲人的挚爱之情，拓展到对同学、老师、明星、科学家和领袖人物的崇敬和追随，更多地愿与同伴一起交流、活动，与志趣相投的同学成为知心朋友，无话不谈，形影不离，视友谊至高无上，甚至愿为朋友两肋插刀在所不惜，这些举止往往令家长很难理解，而这恰恰是典型的心理断乳期的表现：由自爱到爱集体、爱家乡、爱人民、爱祖国、爱整个全人类。

也就是说，青少年的情感充分地体现了社会性，道德观也发生了变化，对成功人士、名人崇拜得五体投地，对坏人坏事疾恶如仇，追求公平公正，会对有私心杂念的人嗤之以鼻，却因为不会在现实生活中妥协和容纳不同意见的人与事，所以易与他人产生矛盾，发生人际关系方面的困扰。

（4）性意识萌发。青春期是性心理萌芽期，性意识的出现，是青春期典型的心理特点。青少年在性心理发展上一般都要经过以下三个发展阶段：①对异性的暂疏远期；②对长者敬慕期；③对异性向往期。

随着性意识的出现，人的性格、兴趣、爱好等个性心理也相应发生一定的变化。表现为开始比较注意自己形象，特别是异性同学对自己的评价，也尝试与异性交往，但是在交往过程中心理变得很复杂，一方面渴望接近对方，另一方面又很害怕别人发现，结果，交往过程神神秘秘，羞羞答答，反而显得别扭。一般情况下，早恋的青少年男女之间并不是真正意义的恋爱，只是彼此有共同的语言，喜欢一起交流和彼此欣赏。但是，由于表现的异样，成为同学们的谈资，一经同学的夸大处理便成为绯闻，令当事人非常尴尬，就这样，由于与异性同学的交往而造成严重的心理负担，直接影响到学习和生活的为数不少。这也是青春期的苦恼之一。

二、正视成长的烦恼

人不可能没有烦恼，就像天空中即使阳光普照，也难免会出现短暂的乌云。渐渐步入青春期的同学们已经开始形成独立意识，希望自己表现得独立、成熟，更希望得到父母、老师等成年人的认可。一方面在不断地认识和探索着周围的世界；另一方面这种发展还很不完善，既希望跟别人探讨、交流，但是又不愿意敞开心扉，这会让自己觉得很矛盾，于是产生了孤独的感觉。有些学生不能很好地适应青春期身体的急剧变化，而产生不安、烦躁、苦恼；有的女孩对自己体型的变化感到不安，对月经来潮感到惶恐，为发胖的身体而发愁，为逝去的童年而伤感；男孩子则为自己长得矮而泄气，为力气小而自卑，为脸上的青春痘而懊恼；还有些学生当心中萌发爱慕异性的初恋的种子以后，心情往往十分矛盾，陷于苦恼而不能自拔。当然，除了内心的孤独还有功课的压力、青春的躁动、禁区的诱惑、网络的沉迷、自卑的苦闷、人际的冲突、追求的失落等。

其实，现实生活中，我们所要面对的烦恼远远不只这些。“人有悲欢离合，月有阴晴圆缺，此事古难全”，烦恼总是难免的。但是烦恼并不可怕，关键看你怎么对待它。处于青春期这个年龄阶段，更多的是处于一个梦想和现实的边缘地带，更像一个拿不准自己位置的中间人，很多事情都没有整体的规划，更多的是自己想什么就想去做什么，而且从来不考虑这件事情的后果，往往在后果产生之后再去悔恨，是这个年龄段的普遍问题。我们应该怎么看待成长中的烦恼呢？

首先，对待烦恼要有一个正确的态度，要知道所有这些烦恼都是青少年自我意识发展的表现，是一种很正常的现象。

其次，自己学会创造快乐，快乐是人人都追求的一种精神享受，谁不希望自己心情愉快？谁不希冀自己过得幸福美好呢？然而要获得幸福，就必须自己学会创造快乐，因为快乐与否的感觉是操纵在每个人自己手中的。生活是丰富多彩的，年轻的心，应该多一些朝气，多一些洒脱，这样也就有可能多一些智慧，去消除烦恼，轻松面对困难和挫折。

三、学会调节性困惑

上一个问题中我们说到成长的烦恼有很多。其中，“性”的朦胧神秘、骚动诱惑以及其带来的痛苦焦虑，是每一位少男少女成长过程中无法摆脱的。

青春期正是性萌动时期，青春发育期的少男少女，无论在身体的形态，还是在生理、心理和内分泌等方面都在逐渐发生变化。每个人到青春期的时候，体内就会很自然地产生性的冲动，伴随性冲动的产生，也有了强烈的性渴望和性幻想。随着体内性激素的增加，便产生了第二性征。加上电视、电影的普及，丰富的青春交际，其他社会因素的影响，青少年就对“性”开始变得敏感起来：开始捕捉性的知识，爱看言情小说，银幕上情侣的一个吻、画刊上一个多情的姿态、小说中一段入微的性描写、公园里情人一个亲昵的动作等，都会很自然地引起少男少女朦胧的性意识。

当这种性的生理、心理反应不期而至之时，会给部分缺乏性知识和生活经验的青少年带来许多困惑和烦恼。例如有的同学总是无法集中精力学习，学习时总会因想些乱七八糟的事情而走神，克制不了自己。很多同学不明白处于青春期的我们为什么那么渴望和异性的交往？为什么总对性感到好奇？为什么在看到自己喜欢的异性时候就会有一种冲动？

我们已经知道了处于青春期的青少年生理、心理都会发生很大变化，尤其是生殖系统，这是人体各系统中发育最迟的一个系统，进入青春期后，随着生殖系统的发育成熟，血液中的性激素就会迅速增多，开始有性的欲望，出现了性梦、性的幻想、渴望释放性冲动以及看到异性会产生冲动等现象，皆是因生殖系统的成熟而产生的正常的生理、心理反应。同时，血液里性激素的迅速增多，也打破了身体各系统间原有的平衡状态，身体各系统间新的平衡的建立要随着发育逐渐完成。由于身体处于失衡状态，青少年会感觉到情绪不稳定，会莫明其妙地感到心烦，其性的冲动也表现得更为强烈。

青春期的性心理发育，大约要经过 3 个阶段，即：疏远异性的性反感期、对异性的狂热期和浪漫恋爱期。处于疏远异性期的少男少女，对性的差别尤其敏感。异性同学彼此疏远，对对方采取冷漠态度，在共同的学习中不能和睦相处，但情绪无对立，即使童年的“青梅竹马”、“两小无猜”，在这一时期也就互不往来，甚至故意躲避，男女界线十分明显。

度过了疏远异性期以后，便进入了对异性的狂热期。此时，男女间似乎有一种内在的吸引力，使彼此愿意接近。他们在内心深处编织着具有浪漫色彩的“爱之梦”，渴望“意中人”能了解和尊重自己。在集体生活中，设法引起异性对自己的注意，留心异性对自己的评价，不愿意别人在异性面前批评和指责自己。在彼此好感的基础上，异性间的交往，可发展为隐藏于内心的“爱情”。他们常常为分不清对异性是好感还是爱情而苦恼。迫于社会舆论的压力，还不敢将恋爱的念头付诸行动。见到有魅力的异性便会被一种神奇的力量所驱使彼此情不自禁地产生一种渴望了解对方的愿望。由于好幻想，因此，想接近的对象也就容易变换，同时，这种情感也十分盲目。

处于浪漫恋爱期的恋人的恋爱已成为“公开的秘密”。这个阶段的特征是：爱情集中于一个异性，对其他异性的关心明显减少。他们总要想方设法寻找机会与自己所爱的人单独幽会，不希望别的人员参与，友谊圈明显缩小。热恋中的青年，有“一日不见，如隔三秋”的感觉。但是，由于这时已具有控制感情的能力，所以，有时明明对一个异性爱慕，可出于自尊心和客观情境，会有意无意地表现出无动于衷，或做出庄重、回避的姿态，从而产生了爱情的苦恼。

所以，进入青春期后，有性欲望、性幻想、性冲动并不是不道德的行为，更不是“变坏”了，这是我们的生殖系统发育开始成熟的标志，也是人类繁衍后代的本能反应，因此就不可能不让它发生也无法人为地把发育扭转回童年时代。

有性冲动、有性欲望是正常的现象，但是，在现实生活中并不是我们的所有欲望都一定要通过性行为的方式来获得满足的。性能量的释放有许多方式，如多参加户外活动通过消耗体能来释放性冲动；多与异性广泛接触从精神层面达到释放性冲动之目的；专注地做一些自己感兴趣的事情也可以转移自己对性的过分注意、不看带有性刺激内容的书刊和音像制品、克制过多的性幻想，这些方法可以减少性冲动的产生，减少性冲动对正常生活的影响。

做好调节，还应注意以下几点：

1. 了解科学的性知识，正确对待性现象。青少年首先应端正对性教育的态度。性知识与其他学科知识同等重要，性教育是素质教育中不可缺少的重要部分。要让青春期性心理健康发展，必须重视性知识的学习，这是预防青春期性心理问题的第一步。通过学习，了解性器官的解剖结构、人类的生殖生育、性发育的过程及青春期性心理的正常表现，消除对性的神秘感以及性发育带来的困惑感，正确对待性自慰问题，避免因无知而产生不必要的紧张和自责。

2. 学会调节情绪，保持健康性心理。青春期的少男少女情感热烈、丰富而多变，可能因为自己敬仰、崇拜的异性老师的一句批评，情绪就从高峰跌入低谷；也可能因为暗自欣赏的异性同学的一句赞美而有一天的好心情，这是很自然的事情。但情绪波动太大，或者是受人影响而长时间情绪低落都不利于学习和健康。这时要学会调节，可以用转移法，如听音乐、散步、参加体育运动、看书等；也可用倾诉法，对自己信赖的朋友倾诉烦恼或写日记等；还可通过积极参加校内的集体活动获得与异性同学接触的机会，既满足了与异性交往的心理需求，还能结识一些兴趣爱好相近的朋友，有助于心理健康。青春期是性生理和性心理发展的关键时期，也是容易出现性心理问题的关键时期。

3. 把握青春方向，明确主要任务。中学生要快乐无悔地度过青春期，就必须学会观察世界，思考未来，积极进行自我设计，顺应社会发展趋势，尽早树立理想和奋斗目标。胸中有大志，学习进取的动力就足，就不会有过剩的精力去刻意寻求性刺激。对理想的追求能有效转移对生理欲望的追求，使性刺激得到升华，从而达到正确认识自己、愉快接纳自己、适度控制自己、不断完善自己、努力塑造健全人格的目的。

4. 提高自己的性修养，遵守社会性道德。青春期男女首先应学会自尊、自爱，保持独立的人格和尊严，约束自己的性冲动，同时也要尊重异性，做到友好、礼貌、诚恳、大方，不要过分亲昵，更不要挑逗、骚扰；无论男孩和女孩，都要警惕各种性的诱惑、性的骚扰和性的侵害，防止性行为变态者的突袭和引诱，学会保护自己。

5. 正视心理困惑，主动寻求帮助。要听取长辈、老师的谆谆教诲。在性观念方面，同学们大多会与父母、老师有分歧、有代沟，甚至对他们有逆反心理。但是长辈、老师的“唠叨”和反复的叮咛是出于深切的爱和保护，而且由于他们的社会经验丰富，对世事人生的洞察和判断更为客观，因此，对他们的谆谆教诲，要认真倾听。其好处在于：可了解社会的发展史；帮助你熟悉传统文化；实现性观念的沟通，获得讨论现实问题的机会；获取有益人生的经验，语重心长，令你“三思而后行”。

四、准确把握异性交往的尺度

中学生正处于青春发育的高峰期，因内受性萌动的刺激，外受社会风尚的影响，喜欢交友，重视友谊，向往异性交往，寻求异性同伴的理解，渴望与异性建立亲密的友谊关系，男女同学喜欢在一起踏青、划船、过生日、度假日，渴望交上知心朋友，可以互相倾吐内心的烦恼，取得真诚的理解，寻找心灵的慰藉，共同探讨人生的奥秘、学习中的疑难。这些都是中学生心理需求的反映，是很正常的。中学生男女同学之间的这种正常交往是一种纯洁的友谊，只要加以正确的引导，对年轻人心理的稳定和人格的完善有着一种不可估量的积极作用。

1. 异性交往的好处

中学生自己对异性交往要有一个清楚的认识，其实异性交往的好处是很多的，有些也是同性交往所不能弥补的。异性交往的好处可以表现为以下几个方面：

（1）智力方面。男女生的智力类型是有差异的。男女生经常在一起互相学习、互相影响，可以取长补短，差异互补，提高自己的智力活动水平和学习效率。

（2）情感方面。人际交往间的情感是丰富而微妙的，在异性交往中获得的情感交流和感受，往往是在同性朋友身上得不到的。这是因为两性在情感特点上有差异，女生的情感比较细腻温和，富于同情心，情感中富有使人宁静的力量。男生的苦恼、挫折感可以在女生平和的心绪与同情的目光中找到安慰；而男生情感外露、粗犷、热烈而有力，可以消除女生的愁苦与疑惑。

（3）个性方面。若只与同性交往，我们的心理发展往往会狭隘，远不如既与同性又与异性的多项交往更能丰富我们的个性，多项的人际交往，可以使差异较大的个性相互渗透，个性互补，使性格更为豁达开朗，情感体验更为丰富，意志也更为坚强。我们都有过这种体验：有异性参加的活动，较之只有同性参加的活动，我们一般会感到更愉快，活动的积极性会更高，往往玩得更起劲，干得更出色。这就是心理学上的“异性效应”。当有异性参加活动时，异性间心理接近的需要就得到了满足，于是，彼此间就获得了不同程度的愉悦感，激发起内在的积极性和创造力。

既然异性交往的好处那么多，为什么还是有很多老师、家长视中学生异性交往如“洪水猛兽”呢？因为凡事都有一个度、一条线，一旦逾越了这个度、这条线，就会得不偿失了。我们要分清友谊、怀春与早恋的界限。

怀春是性渐趋成熟的一种自然反映。性意识从爱慕阶段发展到钟情阶段时，男女学生都会产生这种怀春的感情。这时往往是喜悦和茫然的感觉并存，对多数学生来说，也是理智的抑制多于感情的外露。对很容易接受正面教育帮助的中学生来说，怀春是一种正常的、健康的生理、心理现象。

所谓“早恋”，一般是指在不应该谈恋爱的年龄阶段过早地谈情说爱，是一种失控的行为。刘庸曾说：“爱是一种责任，你需要付出爱，你就要负责。”问题是，你现在有能力负责了吗？你有收入吗？你能独立吗？你会不会连早上起床也要父母催？如果你连自己也不能负责，你怎么去谈恋爱？如果你的男朋友、女朋友对他答应爸爸、妈妈的事都不能负责到底，你又怎么能把心交给他？青少年学生不宜早恋，早恋会带来很多不良后果。

2. 异性交往要注意把握交往的尺度

首先，注意交往方式。青少年男女以集体交往为宜。课堂上的讨论发言、课后的议论说笑、课外的游戏活动等，为大家创造了异性交往的机会。使一些性格内向、不善交际的同学免除了独自面对异性的羞涩和困窘；而一些喜欢交际的同学又能满足与人交往的需要，每个人都融入了浓浓的集体气氛中。在集体中的异性交往，每个人所面对的是一群异性同学，他们各有所长，或幽默健谈，或聪明善良，或乐观大度，或稳重干练……使我们在吸收众人优点的同时，开阔了眼界和心胸，避免了只盯住某一位异性而发展“一对一”的恋爱关系。集体交往，家长放心，老师支持。集体交往的形式各种各样，如兴趣小组、科技小组、学习小组等。集体活动也是丰富多彩的，如游戏、竞赛、旅行、小发明、小制作等。

其次，要把握交往的尺度。对方约你一同参加某项活动，如听音乐、看电影、观画展、逛书市，这是正常的、公开场合的两性交往，完全可以大大方方地赴约。女孩子应端庄、坦荡、不使对方产生误解和非分之想；男孩子要沉稳庄重，尊重对方。假如两人互有好感，相处愉快，约会的次数会增多，每次约会的时间会延长，直到两人难分难舍，恨不得每时每刻都和对方在一起。这时一定要注意适可而止，不能占用对方太多的时间，不能因为两人的约会，使一方或双方无法集中精力学习，无暇与家人、同学、亲友相聚。必须有所节制，减少单独在一起的次数、时间，见面时多谈谈学习上的事情，使双方的感情降温。

为防患于未然，对于抱着谈情说爱为目的的约会，最好婉言谢绝，让对方明白你的心思，放弃对你的追求。但要注意方式方法，不可伤害对方的自尊心。对于纠缠不休，甚至威逼诱吓的人，就要请家长、老师、同学、朋友们帮助处理了。只要把握与异性交往的尺度，诚恳对人，热情大方，自尊自重，便能处理好与异性的关系，以自身良好的修养和人品赢得异性的尊重和友情。

3. 如何处理“早恋”倾向

如果出现了“早恋”倾向该怎么处理呢？可以运用迁移法，使精力转移到其他更有意义的事情上去。

（1）把苦闷宣泄出来：①找个朋友倾诉，获得帮助；②记日记，把这份感情变成自己的秘密；③参加体育运动。

（2）转移注意力：①培养积极向上的兴趣爱好，把精力转移到这些爱好上；②扩大交往范围，投入到集体学习、活动中，避免与某一个异性同学过多时间单独相处。

（3）将这份感情埋藏在心里，化为无尽的动力，去刻苦学习、立志成材，为长大后获得这份感情打好基础。

其实，每个年龄都有爱，每个人不必为自己对某个人有好感而过分紧张和困扰，处于青春期的中学生们，重要的是懂得在这个时期的感情还不稳定，个人的心智发展还不成熟，不能很好地把握自己的感情。而最重要的是，要懂得什么叫责任心，懂得为自己的感情，也为他人的感情负责任。

五、正确对待偶像崇拜

现今社会，崇拜偶像的现象已经十分普遍，成为潮流的趋势，大多数的中学生都有自己的偶像，而且当中的很多人都不止有一个偶像，甚至多至两至三个。

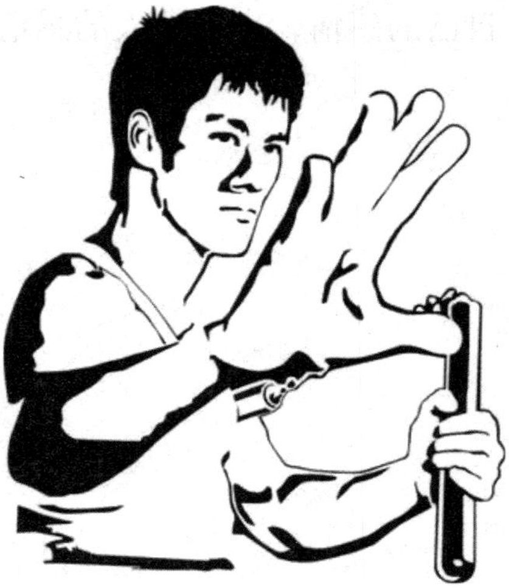

时常可以看见，在人头攒动的演出和比赛场地，集聚着多少星迷们狂热地为自己崇拜的明星摇旗呐喊，如醉如痴；在学校，甚至在家里的墙上、书包上、用具上，无处不是明星的画片，使自己随时模仿明星的言行举止，亦或是明星们的衣着法式来张扬自己；成天关注明星动态，四处收集他们的资料，给他们写信来换得签名并以此作为莫大的荣耀。这样做对中学生的成长是利还是弊？

心理学上认为：青少年对偶像的崇拜是人之常情，自然而成。也是每个人成长的必然规律，具体地说：青少年是由儿童向成人过渡的发展阶段，我们可以从对不同偶像的认同和依恋来确定自我价值，寻求自我发展。明星有我们值得学习的地方，他们的优点我们应该看到，才华是吸引中学生崇拜偶像的最主要因素。偶像崇拜是中学生对人生追求的体验，是人生的一个重要过程，每个时代的中学生都有自己人生的理想，心中追求的人生目标和偶像。古今中外这样的例子数不胜数：屈原的爱国大义、蔺相如的智勇双全、魏征的直言敢谏、爱迪生的屡败屡战、居里夫人的执著追求、海伦·凯勒的坚持不懈、邓小平的改革开放……他们都是我们的目标，更是我们中学生的偶像。

把偶像的成就视为自己追求和奋斗的目标，是一种十分有效的方式，更是一种不断鞭策自己上进的力量。中学生只要适度地崇拜偶像明星就可以，不要影响学习，但是有些人是盲目地追星，那当然是不好的。我们更多的是活给自己看的，曾发生的一些盲目追星的悲剧，是大家都不希望看到的。

第六篇　克服心理障碍

收获心灵感悟

我们知道，人的心理状态是一个动态的过程，每个人在人生的不同阶段、不同时期，都可能会遇到心理问题，产生心理障碍。在这个过程中，需要不断地面对问题、解决问题，提高心理健康水平，锻炼心理承受能力。对于学生来说，成长就是一个不断迎接问题和克服问题的过程。而现代社会对学生提出了更多更高的要求，给他们施加了更大更重的压力，所以，让我们的学生正确面对“不期而遇”的心理问题，给予他们真诚的支持和科学的指导，是非常必要的，能够帮助学生尽快地走出心理阴影，克服心理障碍，更好地应对生活、学习和成长。

一、克服嫉妒心理

《心理学大词典》中对嫉妒的定义是："与他人比较，发现自己在才能、名誉、地位或境遇等方面不如别人而产生的一种由羞愧、愤怒、怨恨等组成的复杂情绪状态。"简单来说，嫉妒就是由于别人胜过自己而引起的烦恼、甚至抵触、怨恨等情绪反应。如，某同学的学业成绩比我优秀，容颜俊美，我感到很难过；某同学穿的比我好，家里比我有钱，我感到不舒服等。

在学生中间，嫉妒心理是普遍存在的，有的在内心中暗自嫉妒，有的表现在语言、行为中，不管是哪种方式，嫉妒都会引起情绪的变化。

1. 嫉妒心理的特征

（1）指向性

在与他人的比较中，会产生嫉妒心理。常常发生在年龄、文化、社会地位与条件相当并有竞争关系的人之间，嫉妒在同辈、同学和同事之间更容易发生，因为在这些条件相当的人之间有可比性。

（2）对抗性

嫉妒心理是当发觉自己某方面不如别人时产生的，同时把比较的对象推向了自己的对立面，具有明显的与人对抗的特征。这种对抗来源于比较过程中的不满和愤怒情绪。而且，这种对抗情绪若不加以疏导和控制，很可能会对他人和社会造成巨大的危害。1999 年原北京大学物理系高材生卢刚在美国爱荷华大学枪杀四名导师和一名同学后自杀身亡，其原因就在于此。

（3）内心强烈的情绪体验

嫉妒是人类的一种普遍的情绪，是一种自然而然产生的情感。古今中外，没有哪个社会和国家的居民完全没有嫉妒心。在社会现实生活中，一旦看到别人比自己幸运，或某一方面胜过自己，心里就“别有一番滋味在心头”，这所谓的“滋味”，就是嫉妒心理的情绪体验。这种内心的强烈情绪变化，会以两种方式体现：一种憋闷在内心，长期压抑，很可能导致严重心理问题；一种是寻找突破口进行发泄。一般来说，除了轻微的嫉妒仅表现为内心的怨恨而不付诸行动外，大多数的嫉妒情绪会寻求突破口进行发泄。

如果是出于不甘落后，“你行我更行，我要超过你”，从而发奋努力，这属于积极的心态；但是，如果嫉妒心理太强，看到别人某方面比自己好，就痛苦、怨恨，甚至诋毁、中伤别人，看到别人失败就幸灾乐祸，这种与他人不足的比较在于片面地看待自己和他人，总以为若别人有所获、有所长，就意味着自己有所失、有所短，感到别人的成功就是自己的失败，从而以贬低或中伤他人来弥补自己的不足，这是一种消极的心态，会给自己带来危害。

2. 嫉妒心理的危害

首先，嫉妒心理会影响身心健康。因为，长期处于不良情绪反应状态中，这种忧愁、压抑、烦恼的情绪会导致植物神经功能失调，产生不良的身心反应。嫉妒强烈消耗人身心能量，久而久之就会引发各种身心疾病，损害身心健康。巴尔扎克说道：嫉妒者“比任何不幸的人更为痛苦，因为别人的幸福和他自己的不幸都将使他痛苦万分。”《三国演义》中的周瑜，年轻有为，才华横溢，可谓盖世英才。然而就因为诸葛亮胜了他两回，便妒火中烧，认为“既生瑜，何生亮”，而英年早逝。另外，不良情绪会影响学习，降低学习效率。

其次，会影响人际交往。嫉妒心理是人际交往中的心理障碍：（1）它会限制人的交往范围。嫉妒心强烈的学生一般不会选择与能力等各方面比自己优秀的同伴交往。另外，嫉妒者总想压倒别人，阻止别人的发展，更有甚者，诽谤、诋毁自己身边优秀的同学，使别人也不愿意与你交往，从而使自己陷入不良的人际关系氛围中。（2）它会压抑人的交往热情，交往时总有所保留，不情愿真诚相待。另外，嫉妒心重者甚至会反友为敌。因为不能忍受朋友超过自己，并怀恨在心，展开暗中攻击。从而没有时间来提高自己，陷入恶性循环而不能自拔。

3. 如何克服嫉妒心理

通过分析可以看出，嫉妒心理危害我们的身心健康，阻碍我们的发展。那么我们如果有了嫉妒心理，该如何克服呢？下面几种方法可以帮助我们克服嫉妒心理：

（1）以平和的心态为人处世

心态平和了，看待事物就容易做到客观和理性，从整体的角度全面分析事物，在与他人的比较中也就更善于肯定别人的成就，认识自己的不足。如两个原本成绩不相上下的学生，某次期末考试，一个进步很大，一个退步不少。成绩退步的学生如果以平和的心态来看待这件事，就会想：这段时间我贪玩了，而别人一直在努力，我的退步是必然的，从现在开始我要发奋努力，奋起直追，争取下次考试把成绩提高上来。这样来分析问题的话，即使嫉妒心理还存在，却能够把嫉妒转化为动力，进而推动自己去积极行动。

而自私心重的人时时处处以“我”为中心，一心只想着自己的荣誉、自己的地位、自己的利益，置他人与社会的利益于不顾，带着不平衡的心理看别人的成功，结果是越看越生气。而豁达的人，能够将朋友的进步当成自己的进步，为别人的成功助威、喝彩。对超过自己的人，既胸怀欢迎的态度又庆幸自己多了个力争上游的朋友，产生新的动力，并努力向他们学习，奋发图强，把好强的个性转化为一种推动自己勇敢向前的力量，从而达到自己的目标。这是一种豁达的人生境界。

（2）培养客观分析问题的能力

首先，要对自己有一个正确的认识。既不要过高地估计自己，也不要觉得自己一无是处。金无足赤，人无完人，优缺点集于一身才是一个活生生、有血有肉的正常人，关键是了解自己的长处，对自己的不足心中有数，本着这样的原则去看待他人，也就能够全面客观地认识他人了。

其次，人生之中处处存在着比较与竞争，所以必须摆正自己与别人的位置。世界上没有十全十美的人，每个人都有自己的长处和短处，自己在某一方面超过别人，别人又在另一方面胜过自己，这些都是常见的现象。“山外有山，楼外有楼”，“强中自有强中手”，这是客观规律，我们要学会与可比之人比，与可比之处发现差别。如：一个成绩在班级排第三十名的学生，就不能去和年级第一名的同学相比，因为二者之间没有可比性，盲目比较，只会造成挫折感和极度的内心失衡，导致强烈的嫉妒情绪的产生。这名同学可与班级中前二十名的学生相比，这样，比较对象合理，目标明确，更容易找到自己落后于他人的原因，找到与他人的差距，从而扬长避短，发现并开拓自己的潜能，产生进步的动力，不断提高自己。在合理的竞争中以求不断地超越自我，超越他人。

（3）目标明确，并善于行动

每天都积极行动起来，去做自己该做的事，能有效地避免消极情绪的产生，尤其可以在踏踏实实的行动中积累知识，取得成绩也就是顺理成章的事了。一个人真正埋头于自己的学习，投身于自己的工作之后，也就无暇顾及别人的事，也没有空闲去嫉妒别人。所以，希望那些嫉妒他人而自身无所成就者，赶快忙碌起来、行动起来，把激情和朝气投放在学习和工作之中，充实快乐地度过每一天。

（4）积极升华嫉妒心理

我们要学会升华嫉妒心理，把嫉妒心理化为学习的动力。看到别人的成就，尤其看到原本和自己相差无几的人超越了自己，从而在内心产生嫉妒心理，这是很正常的，恰恰也反映了一种内在的向上的心态，体现了一种不甘人后的心理需求，但是嫉妒的同时，能够冷静客观地分析他人成功的必然原因，如自身的不懈努力、外界力量的适时推动、善于把握机遇等等，因为任何人的成功都不是偶然的，还可分析自己不如他人之处，找出差距，如果无法做到理性对待和分析，最好寻找亲人、朋友、老师，或者专业咨询人员，来帮助自己，进而制定自己的学习目标，并为此努力拼搏，不断奋进，取得进步。同时，积极参加各种文娱、体育活动，培养广泛的兴趣爱好，使自己的学习和生活积极充实，把嫉妒心理升华为动力，不仅进一步认识了自己和他人，同时更有助于嫉妒心理的消除。

看过这样一句话：雄鹰有着自己的高翔，麻雀亦有麻雀的飘飞，造物主是公平的，世间万物皆有自身的优势，同时必然有其弱点，这是世界平衡乃至和谐的根本所在。所以，青少年要学习以开阔的视野和广阔的心胸来认识和包容一切，相信嫉妒心理就会逐步被克服，进而心情舒畅，不断进步和成长。

二、克服虚荣心理

有这样一个例子：小青是高一的新生，梳着最新潮的发型，穿着名牌的衣服，看上去是一个时尚而富有的女孩。期中考试了，小青在语文的考场上突然晕倒了，医生的诊断是严重营养不良导致的贫血。老师和同学们都很奇怪，家庭条件那么好的小青怎么会营养不良呢？原来，小青的父母只是普通的工人，小青把父母给她的生活费大部分都用在了打扮上，长期下来，身体就受不了了。

这是一种典型的虚荣心理。在学生中间并不少见。有的学生注重外表和穿着打扮，花钱大手大脚，似乎很富有，很大方，实际上只是想通过这样的方式，博得同学或他人的赞美、羡慕，赢得“面子”，满足自我炫耀的心理需求。

1. 虚荣心理的定义及其表现

心理学上认为，虚荣心是自尊心的过分表现，是为了取得荣誉和引起普遍注意而表现出来的一种不正常的社会情感。虚荣是借助外在的行为表现，过分追求浮华、光环式的形式，以一些外在的、表面的东西来掩饰内心的一种空虚或弥补失败后的受挫心理，达到一种内心的平衡。

虚荣是不成熟的表现。在虚荣心的驱使下，往往只追求面子上的好看，不顾现实的条件，为了取得某种荣誉，引起别人的赞赏和羡慕，而做出不符合事实的言行。如，不懂装懂，以证明自己比别人更聪明；或炫耀自己的各方面条件比别人强来获得别人的赞赏和羡慕。俗话说“死要面子活受罪”、“打肿脸充胖子”就是好虚荣的表现。在强烈的虚荣心支使下，有时会做出过激的行为，带来非常严重的后果。

虚荣心和人的自尊有关。自尊是高贵的品质，是人的正常心理需要，但为了满足自尊心理而被虚荣所奴役，是可悲的。虚荣心是一种扭曲了的自尊心。自尊心追求的是真实的荣誉，而虚荣心追求的是虚假的荣誉。当自尊心受到损害或威胁，或过分自尊时，就可能产生虚荣心。

虚荣心还和赶时髦有关。时髦是一种社会风尚，是短时间内到处可见的社会生活方式。虚荣心强的人喜欢赶时髦，崇拜偶像。

虚荣心还掩盖着一种深层心理缺陷。具有虚荣心理的人，内心往往更多自卑与心虚，虚荣起到的是一种补偿作用，竭力追求浮华，以掩饰心理缺陷。一个内心世界充实的、勤学上进、自信、有着明确目标的人，虚荣心理的产生会相对较少。

一个家庭条件相对较好，而学习成绩很差的学生，虚荣的表现往往是用丰富的物质来弥补学习上的挫败感；一个家庭条件相对较差，学习上也没有取得进步的学生，往往会掩饰、隐瞒或虚构一些情景，来获得一种暂时的心理满足和平衡。有这样一个例子：因为某个原因，需要请一位高一女生的家长到学校来，但是，这位女生对班主任说自己的爸爸正在北京开政协会议，不能到学校来。事实是什么？她的爸爸确实在北京，但是在那里打工。类似的现象在学生中间是比较多的。很多学生的谎言背后，

其心理的复杂程度，有时真的让老师和家长们都难以想像，甚至觉得不可思议。

然而，虚荣心理很多时候是不为自己所知的，也就是说，自己并没有认识到，注重穿着打扮，相互攀比，是一种虚荣的表现，但在其中获得了内心的愉悦，沾沾自喜，一旦得到一些人的吹捧，虚荣心理会更加膨胀。尤其是中学生，他们难以发觉自己在生活和学习中缺乏目标，把攀比误认为是力争上游，每天陶醉在虚假的光环中，即使受到批评和指责，他们也不愿意承认自己的虚荣，往往以众人皆醉我独醒的姿态来强调自己是个性的张扬，没人能够理解自己。长此以往，他们会浪费学生时代的美好时光，形成孤僻的性格，不听劝告，难以很好地与他人交往和融入集体中去，甚至逐渐形成错误的价值观和世界观，在将来的社会中难以立足。并且一旦赖以满足虚荣的条

件改变或消失，会造成巨大的心理落差，产生严重的不适应和挫败感，心理难以达到平衡，难以寻找到能够给予自己心理满足和情绪愉悦的事物，严重的会造成对他人和社会的不认同和仇视，形成畸形心理和犯罪行为。

可见，虚荣心理的危害是严重的，尤其对于中学生，在价值观和世界观形成的关键期，踏实地成长，克服虚荣心理，养成良好的行为习惯，形成正确的价值观和世界观，是至关重要的。

2. 如何克服虚荣心理

我们主要应从三方面来做出努力：

一是家庭和父母。父母要适度满足孩子物质上的需求，从小培养孩子乐观向上、健康的生活习惯，帮助孩子确立明确的学习目标。必须强调的一点是父母要有责任心。有一部分家长认为，为孩子提供最好的物质生活，孩子要什么给什么，就是尽到了做家长的责任，他们认识不到营造温馨、健康、进取的家庭环境和氛围，才是父母的责任，也是为孩子提供健康成长的家庭环境的关键之处。

心理学上有句名言：家庭是制造人类性格的工厂，作为父母，要尽可能以榜样的力量和言传身教的方式，去影响和教育孩子，培养孩子健康的生活趣味，进取的学习态度，促进孩子良好性格的养成。

二是学校和老师。作为老师，要对班级中不同家庭条件的孩子有所了解，了解学生长处和优点，更要关注特殊家庭条件的学生（如单亲、离异、富有、特别贫困的家庭）。家庭条件好的学生，要引导他们正确对待物质的优越，使他们不至于只追求物质的享受，帮助他们形成对金钱的正确认识，同时可引导他们利用物质的优越来帮助其他需要帮助的同学。对于那些家庭条件一般或较差的学生，给予他们更多的关注，多发现他们的长处和优点，经常激励和表扬他们的进步，使他们认识到通过自己的努力取得成绩才是值得骄傲的资本。

学校和老师还要注意从众心理的消极作用。从众行为既有积极的一面，也有消极的另一面。对社会上的一种良好时尚，通过多种渠道的宣传，会使人们感到有一种无形的力量，推动人们去关注、模仿，从而发生从众行为。如果社会上的一些歪风邪气、不正之风大肆泛滥，也会造成一种负面的推动力，使一些意志薄弱者随波逐流。虚荣心理正是从众行为的消极作用的扩展。例如，社会上流行吃喝讲排场，住房讲宽敞，玩乐讲高档，有些人便不顾自己的客观实际，盲目效仿，打肿脸充胖子，这完全是一种自欺欺人的做法。而对于中学生来说，花着父母的辛苦钱，赢得了一些所谓的“面子”、“酒肉朋友”，最后得不偿失，甚至陷入泥沼难以自拔。

作为教育的专门机构和人员，学校和老师更要注意弘扬和营造良好的积极向上的环境和氛围，使在校的学生能够关注和模仿的是那些正面的、符合年龄特点的时尚和人物，发挥出环境教育人的良好作用。

三是学生本身让自己成熟起来，是克服虚荣心理的根本方法。

首先，要认识到虚荣的危害。学生应该懂得，虚荣的背后，往往是谎言、欺骗、虚假，这些都是不能长久的，也是经受不住现实的考验的，一旦被揭穿，要面对的可能就是尴尬、怀疑、嘲讽、讥笑，最可怕的是，会失去同学、朋友、亲人的信任，那时，内心的痛苦也就是不可避免的了。

作为中学生，合理地追求新潮、时尚，也是无可厚非的，但要符合自身的条件和身份，要按照《中学生日常行为规范》的要求去做，自然就会获得他人的认可和欢迎，无需哗众取宠，那样反而暴露的是自己的幼稚。我们都有这样的感受，一个家庭条件差一些的孩子，如果超出了物质基础地追求打扮，人们往往会说“这孩子真不懂事”，而如果穿着朴实、整洁，人们往往会赞美道：“这孩子很踏实，理解父母，有正事儿。”

其次，努力学习，加强自身修养，丰富内心世界。

在生活和学习中，中学生要做一个有心人，多观察，多思考，多看书，在知识的海洋里汲取生命的营养，会让自己的内心世界丰富起来，成长为有内涵、有能力的人，从内心当中强大起来，自然也就不会幼稚地去追求一些不切实际的浮夸的东西了。

有人说：人必须参加劳动，在劳动中能够培养起朴实的观念，创造出真善美的人性，才能体会生命之意义，生活之乐趣。确实如此。作为中学生，要多动手去做自己力所能及的事情，无论是在家里，还是在学校，行动起来，不仅能够锻炼能力，更重要的是会让你感到自己是一个有用的人，让自己的生活充实起来。那些整天无所事事，找不到目标和方向的人才更有爱慕虚荣的心理动机。

第三，慎重交友。我们说，虚荣往往是比较之后的产物。多结交习惯良好、勤学上进、心地善良、热情大度的朋友，你也会受到潜移默化的熏陶和影响，“近朱者赤，近墨者黑”，是有道理的。有的人会说：近墨者未必黑。我相信极有定力和信念的人，确实能够做到这一点，但大多数普通人，大可不必去冒被染黑，或者可能只是被溅上黑点的危险，而耗费很多的精力去做些无谓的事情，因为，中学生毕竟还是孩子，还在成长中，成长过程中需要营养，但他们还缺乏成熟的甄别良莠的眼力和判断力。所以，结交好朋友，是能够给予我们成长过程中极大向上的推力的因素，我们要善加利用。

第四，正确对待荣誉。每个人都需要成就、威望、名誉、地位和自尊，但这一切都应当与自己的真实努力相符。例如，一个学生想取得好的学习成绩，必须通过自己的刻苦努力，认真学习，如果用欺骗手段赢得名次和荣誉，那么，这样的“荣誉”是虚假的，不光彩的。这样不仅得不到别人的尊重，还会受到他人的蔑视和否定。

第五，人要有自知之明，懂得量力而为。中学生要对自己的长处和不足有所了解，更要懂得每一个人都不是完美的，尺有所短，寸有所长，重要的是要学会扬长避短。只有对自己采取实事求是的态度，才能避免过高估计自己，或者过低评价自己，避免过强的自尊而成为自负，或者走向另一个极端——自卑，自负和自卑都更容易导致虚荣心理的产生。

第六，正确对待舆论。人是群体动物，离开群体，我们难以为生，但是，生活在群体之中，总免不了别人的品头论足，也不免要对别人指指点点。对别人的评价和别人对自己的议论，我们要有辨别的能力，对于正确的意见应当接受，对于不正确的要心平气和地给予纠正或分析判断，对于不能够主动纠正的，要善于用行动说话，行动大于语言，是最有力的说明，从而不被舆论所左右。

三、远离考试焦虑

每一个人一生当中，都会经历无数次考试，尤其是学生时期，整个学习过程，基本上是处于考试的状态中。为什么这么说呢？历数一下一个学期中学生们的考试有哪些：期中考试、期末考试、阶段性考试、任课教师自己组织的单科考试、各种竞赛考试，而每次考试又要经历考试前、考试中、考试后三个阶段，整个过程下来，占用和持续的时间就会很长，那么，每个学生的考试心理状态，也同样会持续很久。

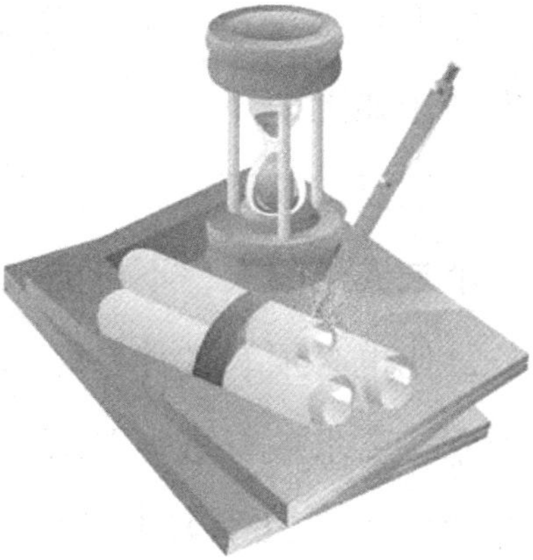

这样看来，考试，对于在校的学生来说，尤其是初高中的学生来说，实在是太重要了。因此，中学生就会在心理上更看重，心理的紧张度自然就会增加。因而在考试前和考试中因紧张焦虑导致的成绩不理想，甚至考“砸”现象，就很多见了。

那么考试焦虑的具体表现是什么呢，我们共同来认识一下：情绪上表现出担忧、焦虑、烦躁不安；认知上表现为注意力不集中，记忆力下降，学习效率低，思维迟滞；行为上表现为坐立不安，手足无措；身体上表现为头痛、食欲下降、恶心、心慌、睡眠不好等。重度考试焦虑的学生会出现明显的生理心理反应，考前过分担忧、恐惧、失眠健忘、食欲减退、腹泻等症状；在临考时心慌气短、呼吸急促、手足出汗、发抖、频频上厕所、思维浮浅、判断力下降、大脑一片空白；个别学生在考场上出现视障碍，如：看不清题目、看错题目、漏题丢题、动作僵硬、手不听使唤、出现笔误等等。

导致出现考试焦虑的原因可归纳为以下几点：

1. 客观因素

(1) 他人对考生的期望值过高。有的家长对自己的孩子望子成龙，望女成凤，完全不考虑甚至根本不了解自己孩子在学习上的能力和水平，一味地高要求，并且一厢情愿地无私为孩子付出，比如无微不至地照顾孩子，甚至连洗袜子的事都代孩子做好，只要求孩子一心一意学习，殊不知，孩子不仅是学生，还是一个未成年的人，不可能像机器一样用固定的程序来完成某项任务，他也必须有各种各样的需要，如七情六欲、休息娱乐、自我独立、要求被尊重等要求，完全被家长包办，尤其感受到这种包办和代办是以学习上的好成绩为交换条件的情况下，逆反、焦虑、对学习和考试的错误认知等等，甚至造成一些学习成绩不好的孩子的负罪感，不仅达不到促进孩子学习的效果，甚至影响了孩子的健康成长。

还有一些老师，由于对自己学生的了解不全面，只看成绩，不考虑学生的气质性格、情绪、心理等，不恰当地拔高学生的水平，或对学生不断提出新的目标和要求，对学生的期望值过高，造成学生心理负担过重，压力过大。每逢考试，学生就会紧张、担忧、失眠等，怕自己考不好对不起老师。

（2）教育方法失当。家长和老师对学生的要求过高，一旦学生失败或成绩不理想，就讽刺、责骂、甚至体罚，而不是理解学生失败后的心情，帮助学生分析失败的原因，往往造成学生厌倦学习，惧怕考试，逃避家长和老师，还可能造成学生为了应付家长和老师，采取欺骗、作弊等不正当的手段，只为了追求一个分数。这些做法不仅难以使学生很好地投入学习和考试过程，严重的会养成学生不良的习惯和性格，影响学生的一生。

（3）其他因素。如不熟悉考场，不适应考试环境，试题过难等等，也会造成考试焦虑。

2. 主观因素

（1）个性差异。个性，尤其是气质，决定着一个人的处事态度和行为方式。一般来说，多血质的学生活泼好动、情绪乐观、善于表现、适应能力强，即使面临重大事件，更能够积极乐观对待和解决问题，因此在考试过程中较少出现紧张、焦虑的现象；黏液质的学生少言寡语、老成持重、情绪稳定、忍耐性强，是“慢性子”，对重大刺激的耐受性较强，在考试中不易紧张和焦虑；胆汁质的学生虽然勇敢、直率、争强好胜，但缺乏耐心，易急躁，因此，在考试中较易紧张焦虑；抑郁质的学生多愁善感、怯懦、凡事思虑过多、容易自卑，环境适应性较差，就更容易出现紧张焦虑的现象。研究发现，出现考试焦虑的人中，以胆汁质和抑郁质者为多，尤其抑郁质者居多。

（2）个体的认识评价能力。我们发现，认知评价是造成应激源与个体反应之间的一个重要中间变量（心理学上有著名的 ABC 理论），可见，考试这件事能否引起考生的焦虑和焦虑程度如何，主要取决于考生对考试的认知评价如何。

在考试中，考生对考试的认知评价包括两方面：一是对考试本身的认识，如考试的作用是什么，考试的重要性如何，如果考生能够正确认识考试，把考试看作对自己前一段学习的考察，是帮助自己查缺补漏以备后一段时间能令学习更有针对性和效率的话，那么，考生的焦虑程度就会有所缓解；二是考生认识到考试对自己的重要性后，能够比较理性地认识到自己的学习状况和应付考试的能力，有效地控制自己的情绪，发挥良好的应试技能，那么，考试中就不会产生过度的紧张和焦虑，从而顺利通过考试，取得理想成绩。相反，如果考生低估了自己的能力，认为本次考试存在考不好的危险，同时又找不到合理的应对办法，那么焦虑反应就会加剧，或退缩，或逃避，内心情绪体验剧烈，往往会影响考试状态和成绩。

（3）心理因素。有些学生在以往的考试中出现过紧张和焦虑的现象，尤其若造成过惨痛的失败结果，会在考生心中留下负面烙印，这种负面的感受和体验，甚至失败的结果，都会作为一种经验（或者叫做反馈信息）留存在大脑中，在以后出现类似的情境时，往往会发生消极的影响和作用，产生对考试焦虑的恐惧感，心有余悸，这是一种对“考试焦虑”的焦虑，是对考试焦虑的副强化，越担心越紧张，从而加剧了焦虑的程度。在意义重大、关键的一些考试，更容易出现这些反应。

（4）学习动机和方法。在两种学习动机下，较易产生考试焦虑：一种是目标过高，动机过强。一些学习成绩较好的学生，较早就为自己定下了目标“我必须考上某名牌大学，我非某大学不上”；很大一部分学生认为学习是给别人学的，考试是给别人考的，学习不好，考试成绩不好或者落后，觉得对不起父母和老师，觉得在同学面前没面子。另一种是平时学习目的不明确，缺乏学习动机，对自己的要求也不高，当一天和尚撞一天钟，所学知识一知半解，稀里糊涂，一到考试的时候就发现很多知识和题目都会一点，脑子里有印象，但不能够很好地应付考试，这时心里就会着急，但在考场上再去悔恨平时没有努力把该学的知识学会弄懂为时已晚，往往忐忑不安、急躁，越急躁反而可能把原本会的东西也忘掉，这时，焦虑就加剧了，最后的考试成绩当然就很难有进步。

有一部分学生平时非常努力，做题多，学习时间多，但是，在学习过程中缺少归纳总结，不去思考，又没有认识到自己的学习方法是否合理，缺乏计划性，因而会出现平时很忙很累，公认的勤奋，但经过多次的考试检验，成绩上不去，产生考试焦虑也就不可避免了。

了解了考试焦虑出现的原因，就更容易找到克服考试焦虑的办法。那么如何远离考试焦虑，发挥出自己的正常水平，取得理想成绩呢？

首先，夯实基础，以不变应万变

我们常说“万变不离其宗”，考试的“宗”实际上就是指的基础知识的考察。只有打牢了基础，即使不能拿到高分，起码不会出现严重失误而造成过度紧张焦虑。这是避免或者减少考试焦虑的最重要的方法。

其次，充分了解自己，培养健康心态

作为中学生，自我认知能力并不完备，很多时候还不能够理性地分析问题出现的原因，尤其是自己的个性特点，常常会困惑于“为什么别人就不紧张，为什么别人就能学习那么好呢”。

了解自己主要可通过两个途径：

一是家长和老师的指引和帮助。家长和老师帮助学生多发掘长处和优点，并为学生提供更多的锻炼机会，给予学生准确中肯的评价，并帮助学生分析挫折和失败的原因，共同寻找应对的办法。切忌给学生“贴标签”和使用过分的否定甚至侮辱的语言和评价，如“没出息”、“什么都做不好”、“笨蛋”、“太给我丢脸了”等等。

二是可以借助心理测验（如气质量表），用量化的数据来帮助学生认识自己，尤其了解自己个性的长处和不足，在学习和生活中有意识地扬长避短，并采取一些积极措施培养良好性格。如抑郁质的学生，多寻找自己的优点，多结交性格开朗的朋友，尽可能减少环境的转换，在熟悉的环境下多参与交往聚会，多发挥自己情感细腻、遇事多虑的特点，帮助同学朋友更好地处理生活小事等。抑郁质的人脑子里的想法很多，看问题比较深刻，可以把这些想法表达出来与朋友交流；增加锻炼的机会，多参加一些竞争性的比赛活动以增强适应性，多经历就会增加经验，也能学会更多应对问题的方法。

第三，对考试的正确认识

我们前面谈过，对事件的认知评价是导致个体反应的重要因素。考试焦虑是考生对考试这个事件在认识上的歪曲，导致出现情绪上的紊乱和行为上的异常。老师和家长有责任帮助学生正确认识考试的作用和重要性。一味地盯着学生的分数，自然就在潜意识中强化了考试的重要性，人为地促成了紧张和患得患失的心态。而学生自己也应该学会不仅重视每次考试的分数，更应该重视考试中反馈出的问题和不足，比如哪一知识点掌握还不够牢固，自己哪一方面能力还欠缺等，把每一次考试看作是演练和总结的机会，偶然的一次考试分数也不能够全面反应一个人的学习能力和知识水平，要在一个相对长的时期内来衡量一个人的进步。树立起这样的意识和考试的态度，不仅更利于消除考试焦虑，更重要的是利于学生寻找到学习的动力，培养学生客观分析问题的能力。

家长也要多了解自己的孩子，学习成绩不好不代表孩子没出息，考试成绩差不代表孩子以后就不能进步，家庭教育上有一句名言“三分教育，七分等待”，要尽心地去关心和教育孩子，更要耐心地等待孩子的成长和进步，摒弃急功近利和急躁速成的心态，多给孩子成长的机会，而不是主观臆想和设想孩子的未来，心态平和。这样的话，做家长的放松，当孩子的轻松，在愉悦的心境和环境下，更利于身心健康。

第四，给自己一个客观的定位

主观愿望与客观现实相差太远会导致挫折感的产生，更容易产生焦虑。了解自己的学习能力和学习水平，给自己一个比较客观的定位，并选择适合自己能力水平的目标和方向，一旦达到或接近自己的目标，能够更好地获得心理的满足感和成就感，有利于培养乐观向上的性格和持之以恒的品质，自然就会减少焦虑的发生。

第五，掌握一些克服考试焦虑的技巧

● 合理用脑，充足睡眠

中枢神经系统存在两个相互转化的过程：兴奋与抑制。某一工作区处于工作的兴奋中，其他区域就会相对处于抑制状态；过度用脑，容易造成大脑的保护性抑制，降低工作效率。基于以上原理，我们在学习过程中，就要学会科学合理用脑，如学习一段时间后就要适当休息，文理科目的学习要交错进行，给大脑补充必要的营养，多参加户外活动等；还要注意给予大脑足够的休息，如听音乐，当然最主要的休息方式就是睡眠。专家建议，青少年每天最佳睡眠时间是 9 小时 45 分。

- 善于利用交互抑制原理

心理学家认为正常反应和不良反应是互不相容的，就好像喜与悲不能同时在一个人身上出现一样。正常反应的产生和强化会削弱特定刺激与不良反应之间的联结，在考试前就感受到焦虑困扰的学生可以充分利用这一点，听音乐、户外活动（在保证安全的情况下）、与朋友聚会等，能够有效地缓解紧张情绪。

- 自信心训练

前苏联举重冠军瓦西里·亚历山耶夫说过这样的话："在举起杠铃之前，我必须在精神上把它举起来。"考试也是一样，相信自己的力量，是取得成功的重要条件。实践证明，自信心越强，竞争欲望越强，焦虑的程度就会越低。提升自信心对克服焦虑情绪很重要了。

可采用心理暗示来不断提高自信心。每天两次进行积极的自我暗示，每次一分钟，最好是在早晨起床后和晚上入睡前进行。可根据自己的情况设计固定格式的暗示语句。例如积极的激励性语言："我有成功的决心，这就意味着我会成功。""我是一个自信的人，天生我材必有用。""我的状态越来越好，明天比今天还要好"等等。这些语句必须烂熟于心，天天大声背诵，反复强化，这是自我暗示成功与否的关键。背诵激励性语言之后，即兴发挥，大声说出事例性的语句，例如："最近我又在某方面取得了进步，我今天的目标就是在某学科的复习测试中进入某位置，我一定要做到！我一定能做到！”

这类语句可以天天有些变化，但一定要富有想像力和激励性，尤其要具体明确，切实可行。根据行为科学的研究，如果能够如此天天赞美自己的优点，时间长了，便可消除考试焦虑，对未来的挑战充满自信。

- 放松训练

放松训练有两种，一是想像放松，二是肌肉放松法（具体方法见链接）。

- 考中出现严重焦虑可采用压迫眼球、刺激咽部引起恶心动作等方法来应付。这样可以通过反射抑制交感神经的过度兴奋从而减轻焦虑。

第六，专业心理辅导。对于重度考试焦虑的学生来说，可以寻求专业心理辅导师的帮助，在专业人员的指导下逐渐克服考试焦虑。克服考试焦虑，一般采用系统脱敏法。这里不赘述。

链接：

想像放松法

想像放松法一般有三种：第一种是想像你从小到大过五关斩

六将的美好的事情；第二种是想像你就是你的偶像，正在做偶像做的事情；第三种是想像大自然美好的景色。下面，我们可以通过自我放松去控制情绪，用心理过程来影响生理过程，从而解除紧张、焦虑的情绪。

现在想像你来到了一个大草坪上，绿草如茵，草坪厚厚的，软软的，现在你躺在了草坪上，微风拂面，你闻到了泥土和青草的气息，你的周围开满了鲜花，五颜六色，红的，黄的，蓝的，紫的，你闻到了花的香味，花的周围有几只蜜蜂和蝴蝶在轻轻飞舞，你听到了蜜蜂的嗡嗡声。

你的左侧是一湖秋水，水平如镜，一点波浪都没有，只有几只鸭子和鹅在轻轻地游动，“白毛浮绿水，红掌拨青波”。你的右边是一片树林，树林密密的，密密的，林间有条小路，曲曲弯弯，非常幽静，非常幽静，你听到了昆虫的鸣叫声。你的前方是一条小河，小河流水哗啦啦响。河面上有座小桥，河边有几棵柳树，柳枝下垂，随风摇曳。你的头上是一片蓝天，蓝蓝的天上白云飘飘，一大团白云，厚厚的，白白的，像一大团棉花一样，白云在下落，下落，下落，落到你身边，白云缭绕，紧紧地包裹着你。

现在你躺在了白云上面，你的身体随着白云轻轻向上飘，越飘越高，越飘越高，身体越来越轻，越来越轻，飘啊飘，有一种飘飘欲仙的感觉。高空非常凉爽，非常舒服，你的身体随着白云飘向远方，越飘越远，越飘越远，飘到了大海边，蓝色的大海，金色的沙滩，阳光，海浪，沙滩，白云载着你的身体下落，下落，下落，你的身体下沉，下沉，越来越沉，落到地面，现在你躺在了沙滩上，沙子细细的，热热的，软软的，太阳照在你的身上暖暖的，你会感到全身温暖，从头到脚，全身温暖。海浪呼啸着，高高的浪头，白白的浪花，声音由远而近，啪！拍到你身上，海水好凉，好咸，海浪没过你的身体，又慢慢退下去，退下去，浪头、浪花消失了，声音越来越远，你再次感到全身温暖，越来越暖。又一个浪头拍过来，好凉、好咸，海浪又慢慢退下去，退下去，你再次感到全身温暖。

就这样，海浪在一下又一下轻轻地拍打着你，啪！拍过来，哗，退下去。拍过来，退下去，你的身体一凉一暖，海浪在一下又一下轻轻地拍打着你，海水冲掉了你所有的烦恼和疲劳，你所有的烦恼和疲劳都被海浪冲得干干净净。

白云又落在你身边，你的身体又随着白云向上飘，越飘越高，越飘越高，身体越来越轻，越来越轻，飘啊飘，又飘回了我们这里，白云在下落，下落，你的身体在下沉，下沉，越来越沉，落到地面上，现在你重新坐在椅子上，感到非常舒服，非常放松，放松——，全身放松——，头皮放松——，额头放松——，前额放松——，前额放松——，面部颈部放松——，躯干四肢放松——头皮放松——面部颈部放松——躯干四肢放松——头皮放松，继续放松——越来越放松——放松——放松。现在你感到非常舒服，非常放松。

下面我从5数到0，随着我的数数，你会越来越清醒，当我数到一的时候，请你睁开眼睛，当我数到零的时候，你会彻底清醒，醒来后，你会感觉精力旺盛，心情愉快，你的身体越来越好，工作、学习效率越来越高，你的睡眠很安稳，很香甜，你对未来充满了信心，你的前途一片光明！好！5——4——3——2——1——0。

肌肉放松法

肌肉放松法的原理是先让你感受紧张再让你体验松弛。没有紧张感你就很难真正体会松弛感，所以先紧张后放松能使你更充分地享受放松的效果。

从细节上看，肌肉放松法有许许多多，各不相同。但就核心组成来看就大同小异了。在这里就介绍最常用的肌肉放松法：

1. 头部放松

用力皱紧眉头，保持10秒钟，然后放松；用力闭紧双眼，保持10秒钟，然后放松；皱起鼻子和脸颊部肌肉，保持10秒钟，然后放松；用舌头抵住上腭，使舌头前部紧张，保持10秒钟后放松。

2. 颈部肌肉放松

将头用力下弯，努力使下巴抵达胸部，保持10秒钟，然后放松。

3. 肩部肌肉放松

将双臂平放体侧，尽量提升双肩向上，保持10秒钟，然后放松。

4. 臂部肌肉放松

将双手掌心向上平放在坐椅扶手上，握紧拳头，使双手及前臂肌肉保持紧张10秒钟，然后放松；侧平举张开双臂做扩胸状，体会臂部的紧张感10秒钟，然后放松。

5. 胸部肌肉放松

将双肩向前收，使胸部四周的肌肉紧张，保持10秒钟，然后放松。

6. 背部肌肉放松

将双肩用力往后扩，体会背部肌肉的紧张感10秒钟，然后放松；向后用力弯曲背部，努力使胸部弓起，挤压背部肌肉10秒钟，然后放松。

7. 腹部肌肉放松

尽量收紧腹部，好像别人向你腹部打来一拳，你在收腹躲避一般，保持收腹10秒钟，然后放松。

8. 臀部肌肉放松

夹紧臀部肌肉，收紧肛门，使之保持紧张10秒钟，然后放松。

9. 腿部肌肉放松

绷紧双腿，并腰伸直上抬，好像两膝盖间夹着一枚硬币，保持 10 秒钟，然后放松；将双脚向前绷紧，体会小腿部的紧张感 10 秒钟，然后放松；将双脚向膝盖方向用力弯曲，保持 10 秒钟，然后放松。

10. 脚趾肌肉放松

将脚趾慢慢向下弯曲，仿佛用力抓地，保持 10 秒钟，然后放松；将脚趾慢慢向上弯曲，而脚和脚踝不动，保持紧张 10 秒钟，然后放松。

以上从头到脚 10 部分的肌肉放松连续完成，所谓放松是指努力体会肌肉结束紧张后的舒适、松弛的感觉，比如热、酸、软等感觉。每次可用 15 ~20 秒钟左右的时间来体会放松感。

所有动作应熟练掌握到能连续完成，并在各种情境下都能自如运用。一开始由于不熟练，做一遍需要不少时间。随着越来越熟练，只要十来分钟就可以完成了。你可以在早晨醒来后和夜晚临睡前各做一遍，或者在感到焦虑紧张时做，效果应该会不错的。

需要提示的是，对于放松方法的运用，最好在平时就多加运用，而不是临时抱佛脚，如果在平时能熟练掌握，经常使用，到考试时或其他紧张焦虑的场合也能运用自如：反之，如果平时知而不用，到临场想救急就不一定会有好效果。

注意事项：

肌肉放松练习像运动一样是一种学来的技巧，要练习才会纯熟。最好每天练习 1 ~2 次，每次 10 ~20 分钟。

最好选择没有事情等着你做的时间练习，以便减少干扰。

环境要清静，周遭最好不要太亮，也不要全黑，如阴雨天一般的光线最适合。

最好穿宽松的衣服练习，例如运动服，睡衣等。

练习时小心不要吹到风受凉。

练习时闭眼可去除视觉的干扰。

四、战胜网瘾

1. 什么是“网瘾”

“网瘾”一词，近几年越来越触目惊心地出现在我们的视线内，对青少年学生健康成长和求学上进的影响极大。

首先我们应该明确什么是“网瘾”，是不是只要上网时间过长就患上了“网瘾”。

网络成瘾的判定标准常用的有三个：一是连续一个月以上每天上网玩游戏4～6个小时，严重影响了工作和学习；二是认为上网能得到快乐；三是不上网就会出现躯体症状，如头痛、出汗、烦躁不安等，一坐到电脑前，上述症状就会立刻消失。

2. “网瘾”的具体表现

一是沉迷网络的人，心理和行为受上网这一活动支配，上网占用的时间和精力越来越大，上网成为主要的心理需要，甚至导致生物钟的紊乱，如晨昏颠倒。有的学生经常“包宿”（通宵上网），晚上上网，白天上课时睡觉，无法上网时，对上网强烈渴求，烦躁、不安，对现实中的人和事毫无兴趣，想方设法寻找机会上网；有的学生经常以各种理由请假，甚至无视学校纪律，逃课去上网，严重者甚至不告而别、离家出走。

二是现实中表现出与亲人朋友的情感淡漠。沉迷网络者和网友如胶似漆，对自己的父母、亲人则比较冷漠，也无话可谈。情绪低落时也不会向家人和朋友表露，认为现实中没有人了解和理解自己，把情绪隐藏起来，从网友那里却能够得到极大的情感支持和满足，乐于在网上倾吐和宣泄，寻求情感支持。由于家长和老师限制自己的上网行为，还常常与父母和老师发生争吵和冲突。

其实，沉迷网络的人更期望得到周围人的认可和接纳，内心非常渴望获得真挚的朋友和珍贵的友情，但在现实生活中，与人交往方面却遇到了较多的麻烦和困难，产生了很多交往问题甚至冲突，往往遇到更多人际交往问题。他们在网上能够获得许多网友的接纳和认可，甚至为很多人欢迎和喜爱，网上社交的游刃有余与现实生活的不断遭受挫折，两者的反差必然导致更多的重复上网行为。他们把自己的人际交往转入虚拟的网络空间，现实的人际关系逐渐疏远或恶化，对周围的人和环境，能逃避的尽量逃避，有时因缺乏现实交往能力而导致更多与人对抗的关系。一些原本性格内向、不善言谈的人，长时间沉迷网络使得语言表达能力下降，出现人际交往障碍。

三是自控力差，意志薄弱。沉迷网络者大多能够意识到过度上网会给自己带来很多危害，甚至也不断受到家庭和学校的规劝和惩罚，常常有悔改之心，企图缩短上网时间，但一旦有时间、有机会上网时，又难以克制自己，缺乏意志力，多次尝试远离网络而结局总是失败后，便放弃了主观努力，为了缓解这时内心的强烈不安和矛盾冲突，反而更加剧了上网的渴望——逃到网络中去，以逃避现实的痛苦挣扎。

3. 形成“网瘾”的原因

（1）网络本身的特性

①网络的可匿名性。一方面可以起到自我保护的作用：不需要真实姓名、年龄、身份，也就没有真实的顾虑和风险。另一方面，网上的资料或信息可以随意更改，上网的人可以任意自我修饰。比如，现实中个子很矮的人，可以在资料上填身高为1.8米，高大威武，弥补现实中不可改变的缺憾。

由于匿名，真实生活中不能说的话，不能做的事，在网上都能够尽情宣泄（只要不违法），又不会产生现实的麻烦。比如，对某个同学或老师不满，在现实中不能随意表达，而在网上就可以大谈特谈，不用担心造成什么后果。

孩子们在网上往往能够交到一大堆朋友，弥补了他们现实生活中的交友不畅，在一定程度上也达到了情绪宣泄和交流的目的。

②虚拟的网络空间能够让孩子逃避现实，获得心理满足和成就感。比如，在网络游戏中互相交流、团结协作、竞争等，其中的友好、轻松、快乐、刺激等感受，在现实中很难经常体验；考试成绩差、遇到挫折时，到网上聊天或者玩游戏，往往能够缓解心理压力、抒发郁闷情绪、获得他人同情和安慰。现实中得不到或者很少能够感受到的成就感、被理解的感觉，在网上都能够轻易获得，满足自我实现的心理需要，很多孩子当然乐在其中，流连忘返。

③网络世界自由、多变、丰富，是吸引青少年的主要原因。在现实中，孩子们往往只是生活在家庭和学校之中，每天最主要的事情就是学习、考试，常常感受到的是枯燥和乏味，而网络的世界却可以让孩子不受时间和空间的限制，任意进出各个网站，并且浏览到无限的信息和资料，满足了孩子们的好奇心和求知欲，让孩子们在网络上的信息世界自由翱翔。

同时，青少年对很多事情还处于懵懂阶段，对异性和性充满了好奇，而现实中缺少对性的了解，身边的人们避讳谈论这个话题，这更激发了他们的逆反心理和好奇心，网络在这方面的开放和自由，为青少年提供了便利的渠道，浏览图片，阅读相关资料和信息，甚至迷恋网络色情，满足了他们对异性的好奇和性的需要，更加容易使孩子沉溺其中难以自拔。

（2）不良环境

①家庭环境的不和谐。研究发现，90%有网瘾状况的青少年来自紧张的家庭环境。如果父母关系不好，经常吵架，互不关心，甚至“离婚”一词经常挂在嘴边，孩子为了逃避这样的环境，更容易沉迷到网络之中。

②亲子关系紧张。当孩子觉得无法跟父母沟通，不被父母支持理解，无法接受父母的教养方式时，会倍感压力，同时又无力反抗这样的现实，心中累积了很多郁闷，这时网络往往就成为他们排遣郁闷的一个极好的渠道。因此，青少年上网，很多时候是一种逃避，是他们缓和焦虑的一种手段，是他们对现实的无望和对家庭教育和社会教育反抗失败的一种补偿。

③学习上遭受挫折。有些孩子从小成绩一直名列前茅，受到家长、老师和周围人的赞许和羡慕，而一旦出现竞争加剧，成绩下滑，就严重打击了孩子的自信，令其遭受挫折，如果父母亲不能及时为孩子提供情绪上的辅导、协助和支持，孩子的自信就会一落千丈，而一旦进入网络世界，很容易寻找到成就感，网络成瘾的可能性就大大增强了。有这样一个案例：一个17岁的高中生，从小学到初中，成绩一直名列前茅，但升入高中后，难以适应巨大的竞争压力，成绩也流于中等，他很苦闷，内心承受了很大的压力。偶然之中，他进入网络世界，豁然发现有“另一片天空”使他找到了成就感和满足感。凭借自己的聪明，他可以在四

五千人上线的网络游戏中排名第一、第二，表现非常优异。对这个同学来说，在课堂中无法得到的成就感却在网络中轻而易举找到了，可以说，他逃避到了另一个虚拟的世界中找到了理想中强大的自我，他离不开网络了。

④人际交往遇到问题。对于青少年来说，人际交往是生活的重心之一，赢得同伴的接纳和赞许是很重要的心理需求。一些孩子因为性格内向孤僻、外型不够时尚漂亮等因素，无法在现实生活中与同学良好相处，甚至受到某些同学玩笑式的嘲讽：你太差劲了，看你那样，你根本不行……网络世界中恰恰相反，可以隐藏、修饰自己的不足和缺点，把最好的一面展示出来，从而获得大量的“友情”。

（3）社会状况

2006 年，心理学专家高文斌博士根据研究，认为网络成瘾现象跟当代社会状况有很大关系，当代中国青少年的成长环境存在着三个缺失：

①父亲功能的缺失。父亲在孩子成长过程中的作用是不可替代的，而大多数人往往认为有妈妈照顾孩子就够了，许多家庭的父亲在外奔波忙碌，很少有时间参与到孩子的教育过程中来，还有一些离异和单亲家庭，孩子跟着母亲或爷爷奶奶姥姥姥爷生活，与父母见面的机会屈指可数。尤其是青春期的男孩，更需要父亲的情感沟通和支持，父亲的角色和性格特征也会潜移默化地影响男孩的成长，因此，沉迷网络的男孩数量更多。

②游戏缺失。有种说法是，现在的孩子没有童年，他们没有自由自在的游戏时间，从懂事开始，甚至还没懂事的时候，就已经背上了各种各样的学习压力，青春期前后，正是初高中阶段，中考和高考的竞争和压力，谁都难以避免。可以说，现在的孩子的童年和少年时期，游戏的机会少之又少，而学校里的文体活动又往往流于形式，甚至很多学校为了追求分数和升学率，基本不开展文体活动，游戏中快乐的情绪体验、规则意识的培养等等，都得不到很好的满足，而网络恰恰“适时”进入了孩子的生活，就难免风靡孩子的世界。

③同伴缺失。独生子女，在家庭中没有同龄伙伴，寻找不到平等、对等的玩伴，得到更多的是家长和长辈的宠爱、教导，甚至溺爱，他们无法在日常的生活中学会与人交往、与人合作、与人协商，没有人际交往经验和能力，也没有应对挫折寻求解决方法的意识，更多的是依赖和等待，依赖家长替自己解决一切问题，所以，孩子们一方面很孤独，同时又不懂得怎样在现实中建立起良好的人际关系，没有朋友，不喜欢与人交往等，而网络弥补了这个缺失。

在网络中，有游戏，有同伴交往，又能获得成就感，恰好弥补了这三个方面的缺失，所以在这个环境背景下，就有越来越多的孩子迷上网络了。

4. 如何预防和战胜“网瘾”

网络成瘾和吸毒、赌博一样，是一种精神依赖，一旦陷入，很难自拔，只有及早发现，及早引导，才能防患于未然。

（1）《家庭预防网瘾指南》

2009 年 4 月，北京军区总医院公布了国内首次制定的《家庭预防网瘾指南》。《家庭预防网瘾指南》的制定，历时 4 年，调研了近千个家庭的案例。北京军区总医院成瘾医学科主任、中国青少年心理成长基地主任陶然介绍说，虽然网络成瘾的形成因素包括家庭、学校、社会和个体因素，但最关键的因素还是家庭是否和谐。他认为，家长参照相关原则去做，能够有效防治孩子的网瘾。

据了解，《家庭预防网瘾指南》针对父母在孩子成长中的过失，概括出了十大基本原则：

①建立良好的夫妻关系，让子女获得心理上的安全感；

②建立轻松、愉悦的家庭氛围，避免刻板、教条的家庭规则；

③建立平等、信任的家庭关系，尊重子女，避免严厉惩罚；

④营造理解、温暖的家庭环境，倾听子女的心声，避免忽视与冷漠；

⑤了解子女的心理需求，做子女的支持者，避免控制与指责，给子女成长空间；

⑥帮助子女建立良好的伙伴关系；

⑦设立适合子女发展的期望值和目标，让子女获得成就感和满足感；

⑧以有效的沟通方式及时解决子女内心的成长困惑；

⑨在子女教育中父亲应多参与，避免父爱缺失而溺爱子女；

⑩掌握科学教育知识和电脑及网络使用技能，与子女共同学习和成长。

针对孩子沉迷网络的现象，如何有效地进行干预，《家庭预防网瘾指南》给出了12条具体措施：

①寻找子女迷恋网络的原因（如性格内向、成绩不如意、人际关系冲突等）；

②将“因迷恋上网而失去的重要人和事”列表，帮助孩子认识事情的严重后果；

③逐渐减少并限定孩子的上网时间；

④将原来上网时间错开，打乱孩子原有的心理秩序，避免其对网络成瘾；

⑤上网前和下网时对孩子进行心理暗示（例如，上网，这段时间是属于你的；该下网了，还有重要事情等你去做呢）；

⑥规定孩子每天与家人、朋友交流1小时；

⑦让孩子身上携带积极提示卡，及时记录其变化和进步，哪怕是微小的进步也要给予积极鼓励；

⑧帮助子女通过各种渠道了解网瘾的危害；

⑨帮助子女寻求网络之外的替代性爱好（如运动、音乐、舞蹈、绘画等）；

⑩把电脑放在客厅而不放在卧室，有利于家长监控；

⑪了解孩子青春期的心理特征和网络知识，并主动与孩子一起使用网络；

⑫一旦孩子过度使用网络，可寻求专业机构的帮助。

（2）青少年自身要学会正确使用网络

①尽可能少涉猎网络

青少年时期，无论是在身体上，还是在价值观、世界观上，尤其是心理耐受力上，都处于塑造、成长过程中，要清楚地了解“我还是个孩子，还在成长”，对于一些自己还不能确信有力量去抵制的东西，尽量不涉猎，或者在最初的时候就自我加以严格约束和控制，尤其要寻求父母、老师的支持。一旦放任，或者寄托于“下一次”，往往容易陷入泥潭，无力自拔。比如上网玩游戏，规定自己只能玩一小时，那么一小时时间到了，就要停止游戏，这样不仅能够有效阻止网络成瘾的趋向，还能够锻炼自己的自控力和意志力；相反，如果没玩够，心里想着“下一次我一定按时结束游戏，这次就让我玩个痛快吧”而继续玩下去，这样做的后果，往往是一次比一次玩的时间更长，最后难以控制而导致沉迷网络。

②正确使用网络

上网前要询问自己：是需要到网上查找资料，还是在无聊郁闷的情况下来寻求安慰、逃避压力？如果确实需要上网查找资料，那么，在完成资料查找任务后，就要及时离开网络，投入到要完成的学习任务中去。如果发觉自己是不愿意面对现实中的烦恼和压力，想到网上寻求暂时的逃避和解脱，那么，就要克制自己不去触碰网络，告诫自己不要用网络来逃避消极的情绪和现实的挫折，“逃到网上不能解决问题”，安静下来思考怎样真实地面对问题，解决问题，例如做一个学习计划，并且立刻着手进行，如果和朋友发生矛盾，尝试和对方沟通，改善彼此之间的关系，珍惜友情。

③上网任务明确，控制在网时间

很多时候，青少年确实只是想到网上查找有用的资料，但是，一到网上，马上就被五花八门的信息、网友的留言、问候吸引了注意力，“先玩一会，再找资料也不迟”，这样的心理状态下，大量的时间都花在了游戏和聊天上，真正做“正事儿”的时间就少之又少，甚至根本无法完成原本要做的那件事。可以先把具体要完成的任务列在纸上，尽量避免上网后不听使唤地沉迷其中。而且上网前给自己限定时间也是必要的，在既定时间内，有效率地完成计划，不给自己留下过久富余的时间，避免了在网上的过久逗留。养成这样良好的上网习惯，就能够有效控制自己的网络行为，战胜网络的各种诱惑，避免形成网瘾。

尤其是青少年，业余的时间并不多，合理安排自己的可掌控时间，不仅是一种能力，同时更是意志力的体现，能够使自己的生活更充实，感受到现实生活的愉快、丰富多彩，自然也就不会总想着到网上去寻找快乐了。

④慎重交友

很多时候，自己本来不想去上网，可同学约好了，自己不去，就耽误了大家的网络协作游戏，又不好意思拒绝，一次又一次，逐渐难以控制自己对网络的依恋了。这也是很大一部分网瘾少年最初走进网络的原因之一。

所以，尽量不要和经常上网、迷恋网络，甚至有网瘾的人过多交往，“近朱者赤，近墨者黑”。多和积极上进、乐观向上、善良宽厚的人交朋友，对自己的身心成长是有利的。

⑤尽量在家中上网

如果家里有电脑，查找资料、玩游戏等，尽量在家中进行，父母的约束是有效帮助青少年正确使用网络、合理安排上网时间、减少对网络的依恋的外在力量。因为青少年自控力不强，需要外力的约束，能够帮助孩子树立正确使用网络的观念。

（3）寻求专业机构和人员的帮助

对于难以通过家庭、学校、自身力量戒除网瘾的青少年，要及时寻求专业机构和人员的帮助，避免方法不当造成不可挽回的严重后果。

五、消除恐惧

恐惧症是患者对某一事物或某一特殊情境产生的十分强烈的恐怖感受，而实际上这些事物对患者并无伤害或威胁，完全是患者心理上的一种荒唐、不合理的恐怖理解，使其深受恐吓而不能摆脱。恐惧症多发生在青少年或成年初期，一般女生多于男生。其一般症状是患者遇到或想到自己所恐惧的事物，就会产生焦虑紧张、害怕恐惧、躲避逃跑等令人不可思议的行为，严重的甚至长期闭门不出。而恐惧性情绪反应是一种自我防护、躲避外界危害、保证生命安全的心理防卫功能，人皆有之。因此，日常生活中出现恐惧心理是正常现象。例如对黑暗、僻静处、高空环境、蛇虫毒兽等的恐惧。

恐惧症的主要特点是对某一特定事物、活动或场景产生持续的和不必要的恐惧，并不得不采取回避的态度。患者虽然认识到这种恐惧是过分的和不必要的，但却不能控制。

这样的症状在青少年时期发生较多，中学生中比较常见的是社交恐惧症，女生发生的较男生多一些。有该症状的学生，其人格特征一般表现为胆小、害羞、依赖、内向、不合群。恐惧时，还可能伴有植物性神经系统症状，如心悸、脸色苍白、出汗、瞳孔扩大、毛发竖立等。多数人在之前有一定的精神刺激因素。首次受惊吓造成心理应激反应具有致病意义，即俗语称“一朝被蛇咬，十年怕井绳”。

下面是青少年中几种常见的恐惧症：

1. 聚会恐惧症。有这样症状的人害怕到各种公共场所去。

2. 赤面恐惧症。这种恐惧症病人在别人面前自感羞愧、愚蠢或笨拙，尤其当众讲话、写字、饮食时，表现更严重。

3. 动物恐惧症。许多人惧怕猫、狗、鼠、昆虫等动物，并往往只害怕一种动物。

4. 境遇恐惧症。害怕登高、临渊、黑暗、暴风、雷电等，而且对所害怕的对象目标恒定，从不改变。

5. 异性恐惧症。这种病多发生在青春期，其表现是对异性感到惧怕，不敢与异性交往，常采取竭力回避的态度。

6. 对人恐惧症。这种恐惧症通常起病于青春期，起初与某些人在一对一的社交处境下产生强烈的恐惧，恐惧发作时可伴有头晕、恶心等，慢慢地这种恐惧泛化到所有的陌生人，甚至熟人身上。严重者拒绝与任何人发生社交关系，把自己与世隔绝开来。

7. 学校恐惧症。学校恐惧症的主要表现，一是害怕去学校，害怕参加考试，害怕当众出丑；二是如果强迫患者去学校，他们会产生焦虑情绪和焦虑性躯体不适。三是倘若同意患者暂时休息不去学校，焦虑情绪和躯体症状很快得到缓解；四是患者多数是好学生、优秀学生，甚至是三好学生。

在病因中，精神因素起着重要作用，往往成为发病的诱因。很多人在以往的经历中，尤其在儿童时期，有过强烈的创伤性体验，虽然随着时间的流逝已被遗忘，但在后来遇到类似事件时，受到了条件性刺激，这种创伤又被重现出来，重新唤起了恐惧反应，从而患上了恐惧症。

研究表明，恐惧症除与精神因素有关外，还与遗传因素有关。调查表明，恐惧症患者的性格常偏于胆小、内向、羞怯、依赖性强等等。

对恐惧症的治疗，一般应以心理治疗为主，适当辅以药物治疗。对焦虑症的心理治疗原则也同样适用于恐惧症。此外，在恐惧症的治疗中还要强调认知领悟，即引导患者把经历中已经被遗忘的精神创伤体验引入到意识或理智中来加以重新认识。但是，对青少年患者来说，主要的不是治疗方法而是调节方法。调节的方法主要有如下几种：

1. 运用系统脱敏疗法来进行自我调节。它具体的操作方法分四个步骤：（1）了解引起恐怖的具体刺激情景；（2）将恐惧的反应症状由弱到强排成等级；（3）学习一种或数种与恐惧反应相对立的松弛技术；（4）使松弛反应逐步地随着由弱到强的焦虑刺激而出现，使两种互不相容的反应发生对抗，从而抑制恐惧反应。

2. 运用建设性发泄法进行调节。这种方法是通过一定的场景训练，增强患者应对困难和危险的适应力。在训练中，要让患者从理论上先适应危险，在不知不觉中宣泄一部分恐惧情绪，并学习他人一些有益的经验。应注意的是，这种方法主要目的是排除部分恐怖情绪、训练日常心理承受能力，一般多作为先导疗法或同伴疗法。

3. 通过心理分析法进行调节。这种方法在部分恐惧症患者中会收到良好的效果。它的主要手段是让患者倾诉和回忆，帮助患者自己找出早年重大挫折和创伤性的生活事件，分析出患者自己潜意识中的心理冲突，使之上升到意识层次，让患者“领悟”。

对恐惧症的预防也很重要，家长和老师要注意从小不要吓唬孩子，不要乱惩罚孩子。提倡科学教育，要注意有意识地培养孩子的非智力因素，创造艰苦磨炼的环境，培养孩子勇敢、坚强、乐观开朗的个性。

六、摆脱抑郁

1. 抑郁心理的概念

抑郁心理是中学生中较常见的一种心理失调症，是中学生感到无力应付外界压力而产生的一种消极情绪。处于抑郁情绪状态下的中学生，经常生活在焦虑的心境中，他们内心孤独却不愿向同学和老师倾诉；在学习上，他们经常精力不集中，情绪低落，反应迟钝；他们有较强的自尊心和成功的愿望，但因他们对挫折的忍耐力差，经不起失败的打击，常常因考试的失败而感到痛苦和恐惧。有严重抑郁心理的中学生，还会出现躯体化症状，如食欲不振、失眠、胸闷、头昏等。中学生之所以会产生抑郁心理，既受他们个性、意志等心理因素的影响，同时也受社会、家庭等外在因素的影响。

2. 形成抑郁心理的原因

（1）达不到既定目标。中学生达不到既定目标所产生的失败感是他们陷入抑郁的重要原因。理想是中学生学习的动力之一，但中学生在学习中往往对自己期望过高，不能正确处理理想与现实的关系，加上处在青春期的中学生，心理上还不成熟，正确的人生观还没形成，因此他们在学习中很容易因失败而感到苦闷和彷徨，产生自我无能感，陷入自轻、自贱的抑郁情绪中。

（2）不客观的自我归因。对自己行为的归因是中学生平衡心理的重要方法。按照归因理论，人们一般会对自己行为结果从两个维度进行归因，即稳定性和内外因。许多中学生，尤其是差生，他们往往将自己的挫折归因为稳定的内因，即认为自己能力不行。因此，他们对自己丧失信心。

（3）自尊心的丧失。所谓自尊心，就是一个人对自己的尊重，相信自己能力和自己从事工作和学习的价值。自尊心较强的学生，善于表达自己的思想，能与同伴很好相处，在学习和生活中往往独立性较强。而自尊心丧失的学生，在大部分时间内忧愁伤感，害怕参加活动，害怕遭到别人拒绝，他们感到没有人爱他们，孤独、无助、压抑。

（4）缺乏正确的自我认识。青春期的中学生，自我意识发展还很不完善，他们对自我的认识和评价往往是片面的。在学习上一方面盲目自信，另一方面遇到挫折却又盲目自卑。这种矛盾的心理状态，使得中学生因感到无法控制自己而产生焦虑和恐惧，产生自我封闭的抑郁心理。

（5）人际交往贫乏。正常的人际交往是中学生心理健康的重要指标。目前，一些中学生受到学校和家庭的双重压力，他们的大部分时间被迫用在学习上，而无暇顾及朋友间的情感沟通。这种紧张的学习状态，往往使他们感到生活单调乏味，产生孤独和寂寞的情绪。

（6）“应试教育”的压力。当前，“片面追求升学率”的“应试教育”，在一些中学还相当普遍。学校为了追求升学率，常常取消各种课外活动，迫使学生“苦读升学书”。另外，频繁的考试使学生的“学习活动”实际上变成了“应试活动”，极大地限制了学生发展广泛的兴趣和爱好，使他们长期处于紧张的焦虑的情绪状态之中。

（7）父母行为方式的影响。在家庭中，父母是子女的表率。他们的一言一行，都深深影响着孩子。然而有许多父母为了自己孩子的前途，不顾孩子的身心健康，在教育孩子时往往走极端。一方面，在生活上他们是孩子的“保姆”，让孩子衣来伸手，饭来张口；另一方面，在学习上他们又成为孩子的“监督官”，不时“关心”孩子的成绩。这种专制的家庭教育方式，常使他们的孩子在生活上成为无能者，在学习上则总是害怕失败。

另外，中学生的抑郁性心理障碍，还受中学生的内向型性格特征、社会的压力、教师不当的教育方式等因素的影响。

以上种种原因，在引发中学生抑郁心理过程中有一个共同的特点，就是使中学生在生活和学习上产生无助、无望、自我无能的心理，并且使他们长期处于焦虑和恐惧心理状态之中，对前途丧失信心。了解这些原因，可以为我们教育工作者有效地帮助他们摆脱抑郁的困扰提供有益的依据。

3. 如何预防抑郁心理

（1）建立良好的教学环境，帮助中学生树立自信心。在教学过程中，教师要热情地关心和爱护学生，帮助他们树立自信心。同时，还要客观地评价他们的成绩，鼓励他们正确对待失败。在学习中老师还要引导学生运用正确的学习方法，培养他们的各种兴趣爱好，激励他们奋发向上的精神。

（2）树立正确的考试观，减轻学生的学习压力。在考试中，教师应取消排名次的做法，让学生正确对待考试，明确考试的目的。同时，教师对考得差的学生要给予及时的引导和鼓励，激发他们的自信心，及时消除他们对考试的恐惧心理和考试失败后的自卑心理。

（3）在中学适当开设心理辅导课，请有经验的教师和心理专家进行中学生心理辅导，这对于促进中学生的心理健康以及有效地预防各种心理疾病的产生，有着很重要的意义。

（4）加强中学生自我意识的培养，帮助有抑郁心理的中学生走出“牢笼”。所谓自我意识，就是中学生对自我的认识和看法。它包括三个因素，即自我认识、自我评价和自我控制。

加强对有抑郁心理学生自我意识的培养，首先要帮助他们客观认识自我，让他们增强对自我的爱护和对生命的珍惜；其次帮助他们客观地评价自我，摆脱自我无能心理的压力；最后，要帮助他们学会有效地控制自我，学会向朋友倾诉自己的烦恼，是中学生平衡心理矛盾的一个有效方法。

有抑郁心理的学生经常因过度压抑自己而感到焦虑和紧张，帮助他们认识自我，学会向朋友倾诉自己的烦恼，不仅能减轻他们的心理压力，同时也能有效地控制他们的抑郁心境，从而轻松、愉快地学习和生活。

七、消除自我封闭

中学生自我封闭心理主要是指中学生内在的心理活动不轻易表现出来的心理现象。这种心理现象在中学阶段随着学生年龄的增长而日益明显。它突出表现为学生沉默寡言，喜怒哀乐不轻易表露，而且极易产生悲观情绪。

在教育、教学过程中，我们常常会发现这样的现象：初一学生明显不如小学生爱回答问题，到初二这种现象更为明显；进入初三、高一，学生的封闭心理进一步发展，他们很少与父母交谈，家长询问学校情况，他们往往显得不耐烦或只作简单的回答，而且随着年龄的增长，这种趋势更为明显，他们不愿和老师接近，极少到办公室向老师提出问题或主动与老师谈话，特别不愿告诉老师班上同学的事情。

中学生封闭心理产生的原因，大致有以下几方面：

1. 由学生生理发展的特点所造成。中学生由于第二特征的出现以及大脑和神经系统的发展，使他们产生了“成人感”。他们由于担心被人“小看”，往往羞于在成人面前暴露内心世界而产生封闭心理。

2. 学生心理发展的社会性使然。由于中学生的心理发展趋于成熟，所以他们热衷于同龄人之间的交往，而与成年人的关系则由依赖型转变为密切接触型和保持距离型，表现出封闭性和相对的开放性并存的特点。

3. 随着学生年龄的增长，其思维由经验型向理论型发展，这必然引起他们情感上的变化，由儿童期的心里怎样想，行动上就怎样表现，发展为对问题的看法一般不流露。他们心里虽有许多奇异的想法，但往往由于这样或那样的原因而不轻易表露出来。

怎样克服自我封闭的心理呢？

第一，尊重、信任他人。生活在人类社会中，必须与人进行交往，如果你对人际交往表现得冷淡，这说明你对人的信任感和孩子般天真的直觉已被自我封闭毁灭了，因而你也不会从中获得应有的快乐，所以你要学会放慢自己紧张的生活节奏，缓解紧张的学习压力，努力去寻找生活乐趣，如与初识者打打招呼，和朋友娱乐一番等，使自己不至于走向封闭的深渊。

第二，学会说“真有趣”。生活中你常常会发现，在大人眼里一点都不值得笑或一点都不觉得有趣的事，在我们眼里却那么有趣可笑。

正因为如此，孩子的烦恼才不会久留心中，总是过眼云烟。如果我们总是对什么都觉得“真有趣”，那么生活中就会常常充满开怀的笑声和无限的欢乐。

第三，顺其自然地生活。我们习惯干什么事都要事先有计划，有目的，这样才能把事情办好，但现实生活中并不能完全刻板行事，不能为了一件事没按计划进行、没达目的就烦恼。

如果你对每件事都精心策划，以求万无一失的话，就会不知不觉地把自己的感情紧紧地封闭起来。我们应该回忆一下自己童年时的样子，重视生活中偶然的灵感与乐趣，有时能让自己轻松高兴一下就行，不要整日奔忙于一个明确目的或一个难题，那样会很累的，要懂得快乐是人生的一个重要价值标准。

第四，不要压抑自己的真实情感，生活中会有许多令人陶醉、值得我们动心的事情，我们应当真实表露自己的情感。如你和挚友分离在即，就让即将涌出的泪水顺利地流出来，而不要强忍在眼眶里或躲到洗手间去哭泣。

为了怕别人说长道短而把自己身上最有价值的一部分隐藏起来，这是自我摧残，也无意义，倒不如真实对待自己的情感，遵从你的心，听取你心灵的声音，这样即使做错了，也不会太难过。

所以当你遇到挫折、感到烦恼的时候，不妨向亲朋好友诉说你的苦闷，即使有些话不能对自己的家人说，但可以告诉自己最亲密的朋友。有一首歌中这样唱道："朋友忧愁我哭泣，朋友快乐我欢畅。"若能有这样的朋友，那你就是非常幸福的人了。

每一个青少年都应该尽情地展示你的青春风采和天真气息，以热情、开朗的态度面对人生，从而从"自我封闭"中走出来。让我们拥抱快乐的生活吧！

八、摆脱强迫症的苦恼

每次考试后都担心忘记写名字，其实内心明明知道刚发完试卷就先写好了名字，但心里就是不能释怀；每次离开家后，都觉得自己忘了锁门，只有反复回去查看才能确定门已经锁好……

这样的情况在很多人身上都出现过，只是程度不同。从心理学角度来说，这是一种强迫症的症状。

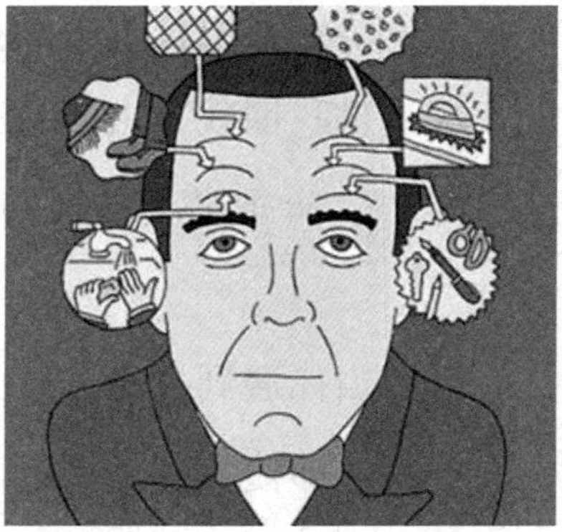

强迫症患者与其人格上的一些缺陷有关，如胆小怕事，优柔寡断，偏执刻板，急躁好强，内倾退缩。经常表现为：反复推敲，反复评价，求全责备，遇事过分细致，井井有条，力求一丝不苟。

强迫性神经症一般是指不由自主地出现某些想法和动作，本人不能以主观意志加以克制。也就是说，主观上明知这念头、情绪或行为是没有必要的，是不值得去想、去做的，可是自己却不得不去这样反复去想、去做，不去这样想这样做就感到很不舒服、很不安全，而且常常是越想去掉这样的念头或行为，这念头或行为却越强烈，令人十分苦恼。强迫症状可分为强迫观念和强迫行为两种。

其一，强迫观念包括强迫冲动，也叫强迫思维。常见的情况有以下几种：

1. 强迫性怀疑。对明知已经做妥当的事情，仍然不能放心，比如，明明已经把门锁好了，却仍然担心没有锁好；明明是贴好邮票之后才把信投到信箱里的，却不断怀疑可能没有贴上邮票，心中惴惴不安，很难安静下来。

2. 强迫性穷思竭虑。常常对一些没有实际意义的问题翻来覆去地思考为什么，如“为什么 1 + 1 = 2”、“是先有鸡还是先有蛋”等。心里知道没有意义，却又不得不去反复思考，不这样做就感到心中不安，很不舒服。

3. 强迫性对立思维，或称强迫性冲动。每当触及一些事物或词语时，总会不由自主地出现一些相反的念头。

比如在理智上自己明明很爱父母，可是一见到父母却出现要冒犯父母的念头或冲动，心里很害怕自己真的去这样做。其实这只是一种冲动的念头，一般情况下是不会这样的。

4. 强迫性联想。这种倾向会给同学在学习上带来很多干扰，比如正在听老师讲课的时候或在自习课上做习题的时候，有强迫倾向的同学就会在脑子里不断地出现一些无关的杂念，挥之不去，搅得自己心烦意乱，使听讲或做题的效率很低。

一些同学认为这是自己有“走神”的毛病，总是责备自己的意志力太差，并为无法改掉“走神”而苦恼。甚至家长也会责备他们学习不认真，不专心，没毅力。

其实这是一个很大的误解。我们的心理辅导可以帮助同学有效地解除或缓解这类心理干扰，逐步提高学习成绩。

其二，强迫行为。常见的强迫行为与强迫观念有联系，主要表现有以下几种：

1. 强迫性计数。不由自主地去计算没有实际意义的事物的数量，如上楼时一定要数有多少台阶，走路时一定要计数自己的脚步，在马路上行走时要计数大楼的层数，或者对于电线杆、树干和商店的玻璃窗等都要计数。明知没有意义，也不可能记住，但一定要数下去，不然心里就感到不放心，不舒服。

2. 强迫性检查。与强迫性怀疑有关，如离家时总要反复地检查房门窗户是否锁好、关好，甚至一遍又一遍地打开门锁再重新锁一次，尽管如此还是不放心。

有的同学做完一道习题，马上就怀疑可能做错了，其实这种题目他完全只凭口算就可以准确地判断正误，但是他仍然一遍又一遍地用笔算反复检查，严重影响学习效率。

3. 强迫性洗手。不能克制地反复洗手，只要手上接触过自己认为不干净的东西，哪怕是一只很小的飞虫从手臂上飞过，也要反复地洗手，明知已经很干净了，但仍然企图多洗几次，也有的人表现为反复地洗衣服等。

4. 强迫性仪式动作。如进门的时候一定要先退后进；路过特定地方一定要迈三步跨过去，不能迈四步；回家时一定要沿着特定的路线行走，如果遇到干扰没有沿着特定的路线走过去，那么一定要找机会重新再走一遍等。

这些刻板式的重复性动作和行为，对于当事者来说都有自己特定的含义，常常是含有吉祥平安的意思。

从小注意个性的培养是十分必要的。不要给予过多、过于刻板的要求，对于预防强迫症的发生有很大帮助，特别是父母本人有个性不良者更应注意。参加集体性活动及文体活动，多从事有理想有兴趣的工作，培养生活中的爱好，以建立新的兴奋点去抑制病态的兴奋点。

对于强迫症的治疗，可采用心理治疗和药物治疗相结合的治疗方法，可收到良好的治疗效果：

1. 心理治疗：解释性心理治疗为治疗的手段之一。患者要冷静分析本人的人格特点和发病原因，包括童年有无产生强迫症的心理创伤。如能找出原因，应树立必胜信心，尽力克服心理上的诱因，以消除焦虑情绪。

采取顺应自然的态度。有强迫思维时不要对抗或用相反的想法去“中和”，不要带着“不安”去做应该做的事。有强迫动作时，要理解这是违背自然的过度反应形式，要逐步减少这类动作反应直到和正常人一样。坚持练习，必然有效。

注意心理卫生，努力学习对付各种压力的积极方法和技巧，增强自信，不回避困难，培养敢于承受艰苦和挫折的心理品质，是预防的关键。

对于强迫观念者，当强迫观念一出现，即用声音干扰，效果也较好。

家长对孩子应有一个正确的态度，不要过分担心，尽量避免跟孩子讲大道理，尤其不能追根究底。对孩子提出的问题，最好按常识给予答复，说一遍即可，无需重复。

2. 药物治疗：在医生的指导下，可用三环类抗抑郁剂及单胺氧化酶抑制剂治疗。

九、了解心理咨询

我们遇到心理困扰时可以寻求心理咨询师的帮助。大家可能对“心理咨询”这个概念都不陌生了，随着时代的发展和社会的进步，心理咨询也正逐渐被我们所接受。但是，由于我国心理咨询业发展的时间较短，还不是很普及，所以，也有很多人对心理咨询存在一些误解和偏见。认为去心理咨询是一件不光彩的事情、是心理有病或变态，所以导致很多人不敢光明正大去做心理咨询。

“咨询”是指商量、征求意见或寻求别人帮助的磋商行为，心理咨询是咨询师协助求助者解决各类心理问题的过程。心理咨询作为一种专业技能，可以帮助我们摆脱心理困扰，达到心理平衡、保持身心健康。同时，也会帮助我们更好地认识自我、开发自我。同时，接受过专业训练的心理咨询师，具有必要的心理学、医学知识和综合运用心理咨询的理论与方法的能力，尊重、保护来访者的个人隐私，更不会歧视来访者。

心理咨询根据内容可分为发展咨询和健康咨询。发展咨询是指通过咨询可以帮助我们挖掘心理潜力，提高自我认识的能力，使工作、学习保持最佳状态。如：心理上有冲突、困惑、烦恼、痛苦等，可以通过心理咨询得以解决；健康心理咨询指受到各种心理刺激而明确体验到情绪上困扰时，如：焦虑、恐惧、抑郁等，可以通过专业心理咨询解决。

心理咨询可有多种形式，如门诊咨询、通信咨询、电话咨询、互联网咨询等。

每一个人都会在人生的某些阶段遇到过心理困扰，对中学生来说，也会经常遇到各种情绪困扰问题，如：考场中的挫折、交往中的冲突、学习中的焦虑、成长中的困惑等。如果感觉到自己的某种心理困扰已经难以通过自我调节来处理，已经显著影响了你的学习和生活。这时候可以寻求心理咨询。

但是，要知道心理咨询不是万能的，并不是像打针吃药一样可以被动地等待痊愈，接受心理咨询是要我们自己有解决问题的愿望和动机，是在咨询过程中咨询双方共同努力解决问题和困扰，从而达到令咨询者人格独立、成熟、成长、完善的目的。

正如心理咨询专家李子勋老师所说，很多时候，我们就像蛋壳里的小鸡，被某一种行为方式禁锢了自由，心理咨询要做的就是帮助小鸡打碎这层蛋壳，让它来到一个更广阔的天地中。

所以，心理咨询就像精神按摩，是人们保持心理健康、促进心理发展的有效途径。